人妻手記

ひと夏の誘惑……
汗だくになって夢中で求めた
秘蜜の快感体験

竹書房文庫

第一章

淫らなあやまちに蕩けて

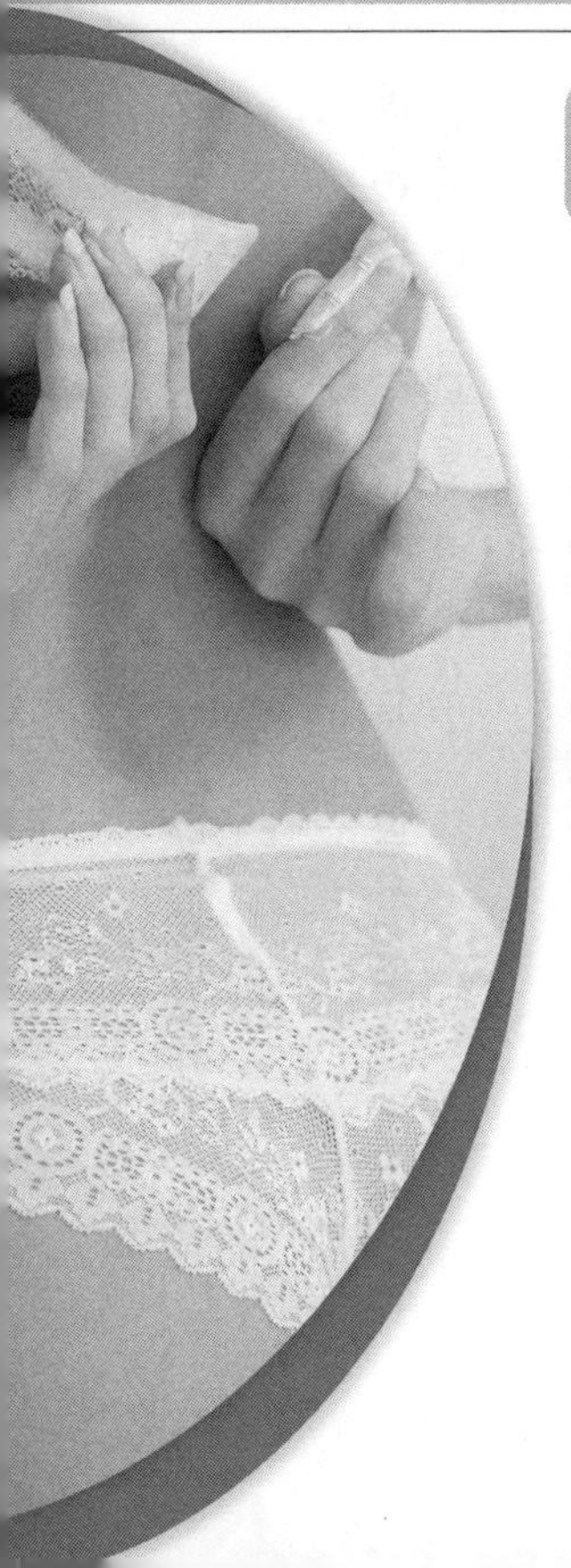

第二章　淫らなあやまちに溺れて

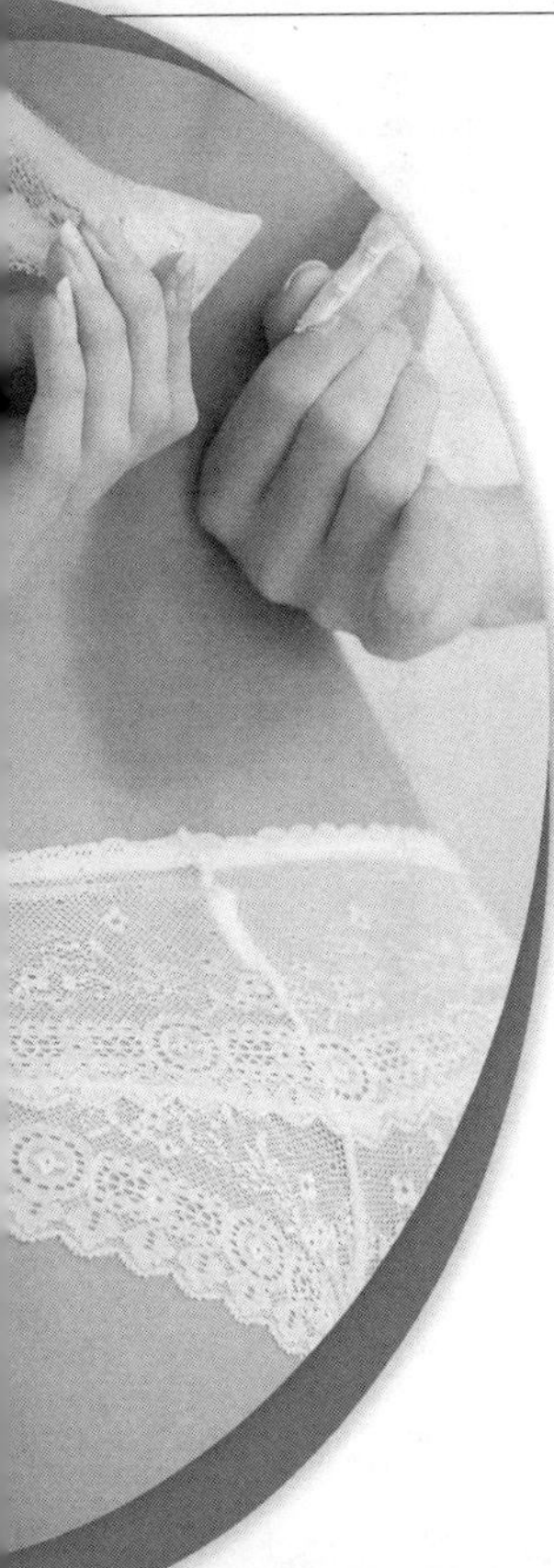

第三章　淫らなあやまちに悶えて

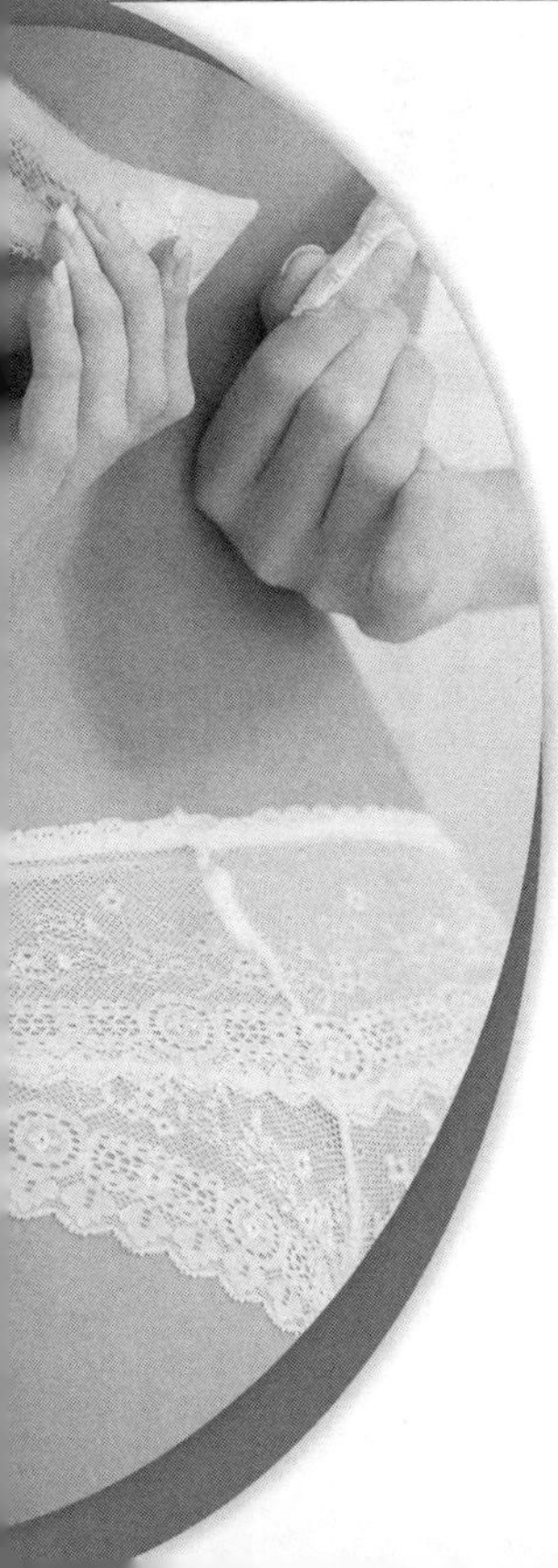

第四章
淫らなあやまちに狂って

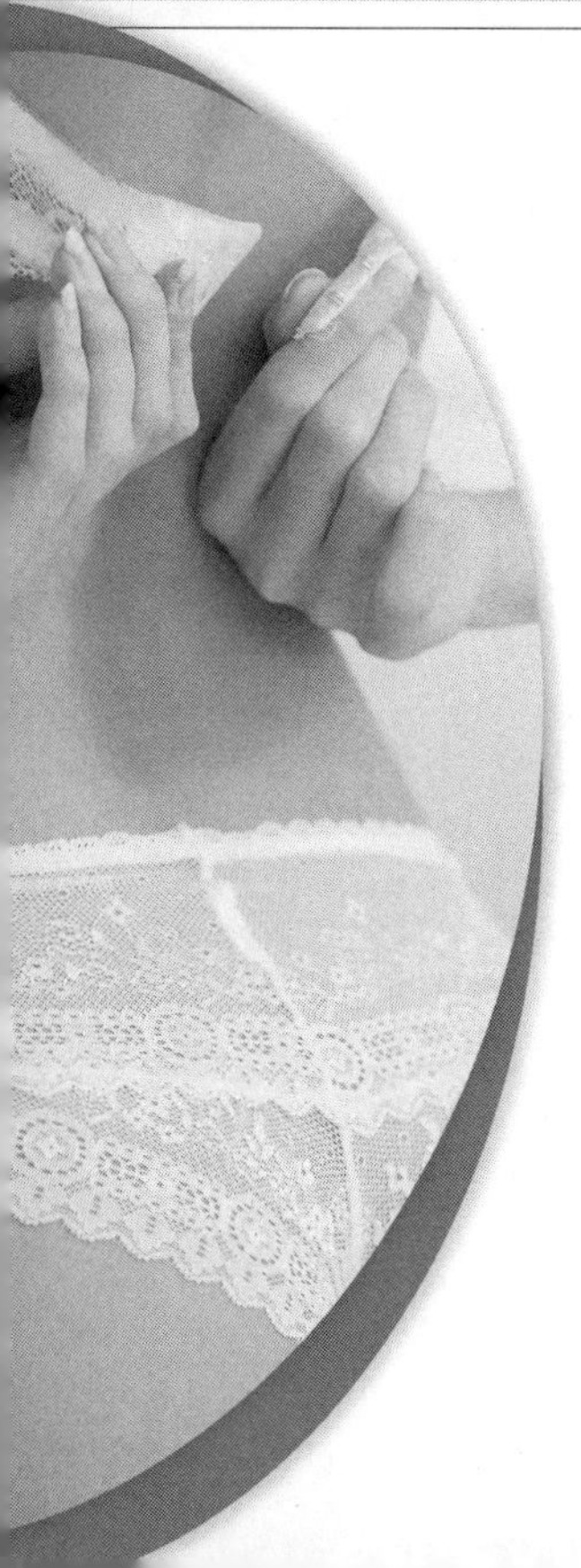

第一章

淫らなあやまちに蕩けて

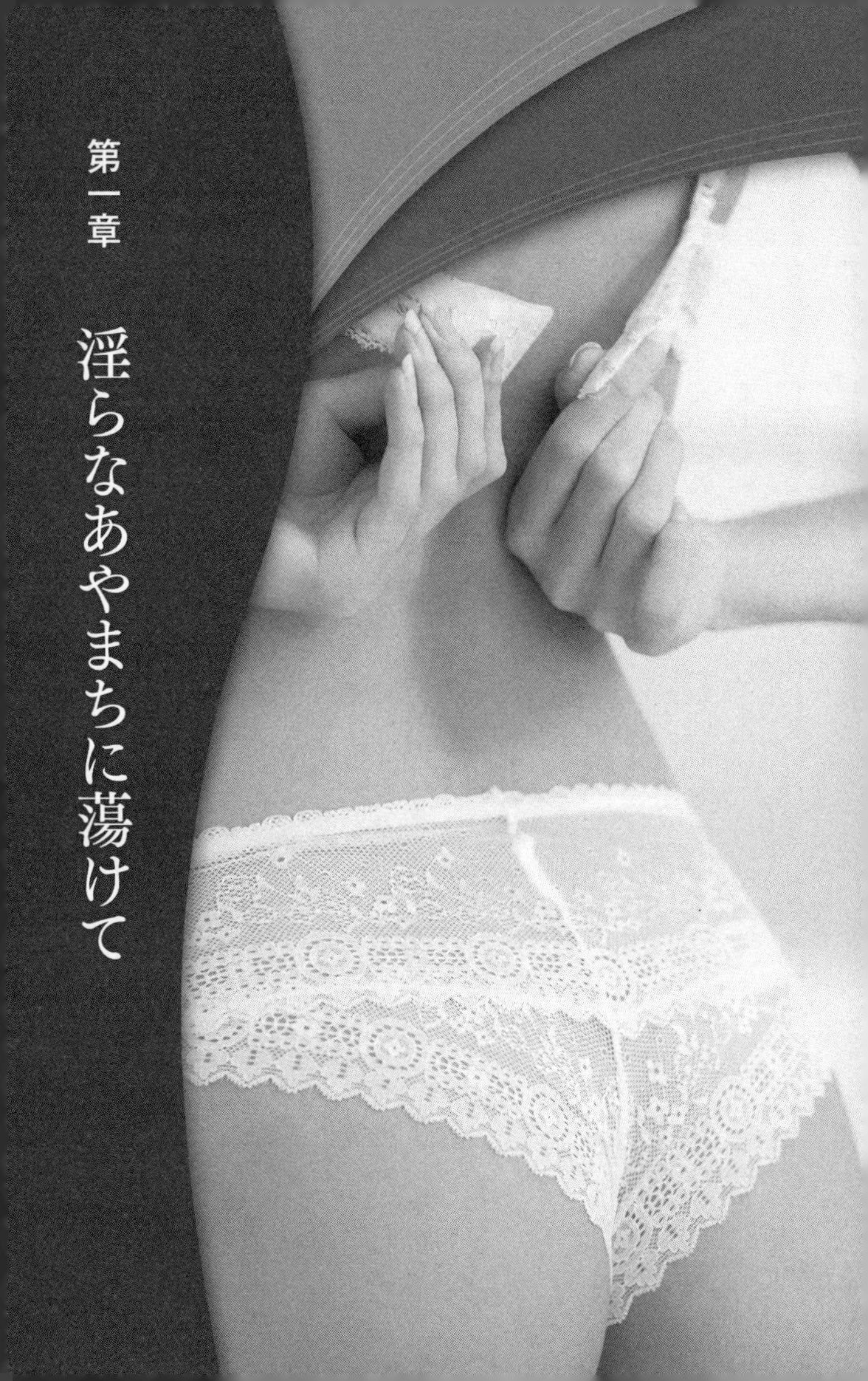

■片足を抱え上げられた私は淫らなやじろべえのような格好で激しく、深々と貫かれ……

自治会役員仲間の男性との肉交に弾けた盆踊り大会の夜

投稿者 柴山理恵（仮名）／32歳／パート

少し離れた先のほうから、盆踊りのにぎやかなお囃子の音とともに人々の楽しげな嬌声が聞こえてくる中、私は浴衣の胸元から滑り込んできた林さんの湿った手のひらの感触を感じていました。午後八時の今の気温はまだ三十度もあって、私だって全身汗ばんでいるから、お互いの体の湿り気がねっちょりとからみ合い、不快なような快美なような、えも言われぬ感覚が全身を這い上ってきます。

「あ、あふ……んっ、んんっ……」

「ああ、理恵さん……おっぱい、柔らかい……」

にちゅ、ぬちゅ、と粘りつくような汗音を発しながら林さんが私の乳房を揉み込み、撫で回し、にゅるんっと乳首を摘まみこね回してきて、その甘美すぎる感覚に、私は陶然としてしまいます。

林さんも私と同じ浴衣姿で、裾が割れた前からトランクスに包まれた股間が顔を出し、そのすでに硬く大きく張り出した圧力が、ぐいぐいと私の下半身を押し込んでくるものだから、上下ダブルから襲いかかってくる淫靡な刺激の高まり具合はとどまるところを知りませんでした。

自分のアソコも見る見る潤み、熱を持ってくるのがわかります。

「はあ、はあ、あぁ……あん、だめ、林さんっ……」

そうやって息を喘がせながら、私は人妻でありながら、なぜよそのご主人である林さんとこんなことになってしまったのか、蕩けていく意識の中でぼんやりと思い起こしていました。

林さんとは、同じ団地の新期の自治会役員として顔を合わせました。これまでも何度か団地の敷地内で見かけたことはあったと思いますが、さして気にかけたこともない、そんなどことといって特徴のない、彼はごく平凡な三十八歳の中年男性でした。

でも、最初の会合で隣りの席になって初めて話してみると、とてもひょうきんで面白い人柄で、私は思いがけず好印象を覚えていたのです。

その後、新期の役員会としての最初の大仕事である、夏の団地内盆踊り大会の準備作業が始まりました。五月に第一回目のミーティングがあってから、週イチで皆で集まり、会場となる団地広場の飾りつけや音響設定、屋台出店についての手配、当日の役割分担……などなど、順を追って話し合い準備を進めていくうちに、自ずと役員面々たちの気心も知れ、ワンチームとしての結束も強くなっていきました。

それはもちろん、私と林さんの間でも……。

役員としてのミーティングの合間に、プライベートなことに関してもよく話すようになりました。私は彼の軽快な語り口と聞き上手な雰囲気に乗せられるままに、別居はしているもののあまりよろしくない姑との関係性や、小一の息子の子育てに関する悩みなど、いろんなことをぶっちゃけるようになってしまい……挙句の果てには、なんと夫婦間のセックスレスのことまで！

「へえ、もう半年以上もないなんて……だんなさん、俺としてはまったく理解不能だな～」

「……えっ？」

「だって、理恵さん、こんなに魅力的なのに……俺だったら、週イチでも足りないくらいだよ。あっ、これってセクハラ発言かな？　気を悪くしたらごめんね」

「あ、いえ、そんな……大丈夫です。私のほうこそすみません。こんなあけすけなこと話しちゃって。林さんこそ困っちゃいますよね？」

「ん？　ははは、ああ、まあね……ドンマイ、ドンマイ！　…あ、今どきもうこんなこと言わないか？　ははは̶っ！」

林さんが明るくいなしてくれたおかげで、その話の場はすぐに流れていきましたが、それ以降、私の胸の中にはずっと、

（理恵さん、こんなに魅力的なのに……俺だったら、週イチでも足りないくらいだよ）

という林さんの言葉が、妖しい澱《おり》となって、こびりついて離れなくなってしまったような気がします。

実際、そのやりとりがあってから、私と林さんの間の空気が少し変わりました。お互いになんか意識しているような、ぎくしゃくしたような……でも、それをあえて抑え込みながら、私たちは盆踊り大会に向けて協力し、日々準備を進めていったのです。

そして、いよいよ本番の日がやってきました。

日中三十六度まで上がった気温も、夜になってようやく緩和されたものの、それでもまだ三十度。でも逆に盆踊りをするにはこのくらい暑いほうが、よりテンションも上がろうかというものです。リオのカーニバルみたいに。

夜七時、自治会長の開会のあいさつとともに、いよいよ盆踊り大会が始まりました。最初はちょっと遠慮気味だった皆も、一人、二人と踊り始めると、次第に次々と輪に加わっていき、すぐに振り切れたように盛り上がり始めました。

まもなく会場いっぱいに広がった大きな輪が出来上がり、私はその様子を見ながら、役員としてホッと安堵していました。まだ途中ではありますが、大仕事をやり終えた気分だったのです。

ふと気づくと、すぐ横に林さんが立っていました。

「あ、お疲れさまで……」

そう声をかけようとした私は、思わず途中で言葉を呑み込んでいました。

林さんが無言で私の手を握ってきたからです。

うろたえながらも、私より少し背の高い林さんの顔を見上げると、そこには潤んだような光を宿した熱い視線がありました。そして、

「ねえ、理恵さん。皆こんなに喜んでくれて、俺たち、よくやったよね？　自分たちで褒めてやっていいよね？　だから……今日くらいは、自分たちが心からやりたいと思ったことをやろうよ、ね？」

と言い、私は一瞬にしてその言葉の意味を悟りました。

「え、ええ。やりましょう……本当にやりたいことを」

私はそう答えると、彼の手をぎゅっと強く握り返し、その手に導かれるままに歩き、明るく盛り上がっている盆踊り会場に背を向け、団地の裏手にあるプレハブ小屋へと

連れていかれました。それは自治会が管理している、掃除道具や庭整備のための用具をしまっておくための場所でした。

林さんは鍵を取り出すと、ドアを開け、私を中に招き入れました。そして内鍵をしっかりとかけると、私の体を壁に押し付け口づけをし、浴衣の胸元をまさぐってきたのでした。

（ああ、そう、私たち、ずっとこうしたかったんだわ……いいよね？　今日だけ、今日だけだから、がんばった自分へのご褒美！）

私は自分からも手を伸ばして、彼の股間の硬い膨らみをトランクスの上からまさぐり回しました。この濡れた感じは、果たして汗なのか、それとも彼が滲ませた先走り液なのか……私はトランクスをぐいっと引き下げて直接中身に触り、そのにちゃっと粘り気のある感触を確かめ、がぜん、興奮を高めていました。

「ああ、林さん、私のためにこんなに……ヌルヌルにしてくれて……」

「はぁはぁ、理恵さん、理恵さん……きみももう、こんなに……」

ぐちょぐちょ。

林さんの指に搔き回されて、私のそこもとんでもないことになっていました。溢れすぎた大量の愛液が滴って、床に池を作ってしまうんじゃないかと思うくらい。

「ああ、あ、ああ……早く、早くちょうだい、林さんのこの立派なオチン○ン……私、もう辛抱たまんないの……」

「ああ、あげるともさ！　俺だってたまんないんだ！」

林さんは私の浴衣の帯をほどき捨て、がばっと私の前身を露わに開きはだけました。そしてパンティを剝ぎ取ると、自分も同じく下半身を剝き身にして、そそり立った肉棒を私のそこに当てがって……。

「ひ……ひうっ、んくぅ……！」

それが入ってきた一瞬、私の耳からすべての音が消え去りました。少し先から聞こえる盆踊りのお囃子の音も、踊り興じる皆の嬌声も……熱帯夜の静寂の中、ぐっちゅ、ぐっちゅ、ぬちゃ、ぬちゃという淫らな肉の擦過音だけが鳴り響いて……。

「あっ、あああああっ！」

あまりの快感にひときわ大きな喘ぎ声をあげた瞬間、再びすべての音が戻ってきました。

「ああ、理恵さん……理恵さんの中、すごく熱い……くうっ……」

「ああ、いいわ、はぁ……林さん、んあっ、はうう……」

今や林さんは私の片足を大きく抱え上げ、私は淫らなやじろべえのような格好で激しく、深々と貫かれ、一段と高まってくる快感に悶絶していました。

「ああ、イク……もうイッちゃう……ああん！」

「理恵さん……お、俺も……くうっ……！」

次の瞬間、林さんのピストンが一段と昂ぶり、その頂点で肉棒の先端が熱い奔流を伴って弾けたとともに、私は絶頂の彼方へと吹き飛んでいました。

そう、それは盆踊りと並んで、夏の季節を華やかに彩る花火のように……。

■彼の怖いくらいに熱く硬く肥大した股間の昂ぶりが、私の太腿を擦り上げてきて……

中学時代の元カレとの思いがけない再会エッチに燃えて

投稿者 室井優花（仮名）／25歳／OL

それは、去年の七月のある土曜日の昼下がりのこと。

私は普通に勤めは休みでしたが、夫は家電量販店勤務のため土曜出勤していて、一通りの家事を済ませた私はリビングでのんびりとテレビを観ていました。

そのとき、玄関チャイムが鳴りました。

インターフォンで確認すると、宅配便屋さんでした。

あ、そういえば今日、田舎のお母さんが実家の畑で採れたトマトを送ってくれるって言ってたっけ。

そう思い出しながら私は、玄関ドアを開け配送員の人と顔を会わせました。

すると、その人がいきなり素っ頓狂な声をあげたんです。

「えっ、ひょっとして……○×中でいっしょだった優花？」

私は唐突に、地元で通った中学の名前を出されびっくりしましたが、次の瞬間、こっちも素っ頓狂な声をあげていました。

「あ！　ひょっとして……孝太郎？　やだ、やっぱり孝太郎だ！」

それはなんと中学時代の同級生だったんです。

まさかこんな形で十年ぶりの再会をするなんて……お互いにもうびっくりです。そして同時に、私はなんとも言えない甘酸っぱい想いに襲われていました。

実は彼、孝太郎は当時つきあっていたボーイフレンドでもあったんです。でも、お互いにまだ全然子供で、その関係はとってもプラトニックなもの……というか、二人ともあと一歩を踏み出す勇気が持てないまま、卒業して別々の高校に進んだままフェイドアウトしてしまったという次第でした。

ああ、彼のこと、当時とっても好きだったのよねえ……。

そんなキュンとするような感覚が鮮やかに甦ってしまったというわけです。

それは向こうも同じようでした。

荷物の受け渡しについての例の事務的やりとりを交わしている間も、孝太郎はジッと私の顔から視線を外すことはなく、その目はある種異様な光を帯びていたんです。

その間に少し話したところでは、彼はその後大学を中退して上京し、今の宅配便の仕事に就き、今年で四年目ということでした。

「そっか。私は大学の同級生と卒業後けっこう早くに結婚しちゃったんだけど……え？　ううん、子供はまだいないわ。でもほんと、なつかしいね。ねえ、よかったら上がって少し話していかない？」

そう水を向けると、彼はちょっと考えたあと、こう言いました。

「いや、まだ配送先が何軒も残ってるから、そうゆっくりもしてられないんだ。ごめん……」

「そっか……残念だけどしょうがないね。じゃあ、また次の機会に……」

少しがっかりして、私が別れの言葉を口にしようとした、そのときでした。

彼が思いもよらない行動に出たのは。

「話すぐらいだったら……優花、おまえを抱きたいっ！」

そう言って靴を脱ぎ捨てると室内に上がり込み、私の体を抱きすくめてきたんです。

「ちょ、ちょっと孝太郎、いったい何を……っ⁉」

慌てふためきながら私がそう問うと、彼は今にも泣きそうな声で言いました。

「だって……だって俺、あのままなし崩し的におまえと別れちゃってから、ずっと後悔してたんだ……やっぱり初めての女はおまえじゃなきゃダメだったって！　だから……もう遅いかもしれないけど、今、その想いを遂げさせてくれっ！」

それは本当に彼の心からの叫びのように聞こえました。

ああ、この人はそれほどまでに私のことを真剣に想っていてくれたんだ！

そう思うと、私のほうも思わず熱いものがこみ上げてきて、

「ああ、孝太郎……嬉しいっ！　私も……私もあなたのこと、ほんとに好きだった！

今だけ、もう一度あの頃の二人に戻りましょ？」

そう言うと、自分から彼に熱いキスをしていました。

互いに舌をからませ、激しく唾液を啜り合って……抱き合い、転げ倒れるようにダイニングキッチンの床に横になると、お互いの体をまさぐりあいました。獣のように鼻息を荒くしながら服を脱ぎ、剝がし合って。

あらわになった私の乳房に孝太郎がむしゃぶりついてきました。がっしりと丸い肉房を鷲摑むと、痛いほどに激しく揉みしだきながら、乳首に吸いつき、舌で舐め回してきました。

「ああ、優花のおっぱい、おいしい……俺の想像どおりに甘くて蕩けるようで……た、たまんないよおっ！」

「ひ、ひあっ……んあぁぁ〜〜〜っ！」

彼のテンションは上がる一方で、その勢いのまま送り込んでくる快感に、私は身を

のけ反らせて感じ悶えまくっていました。そして同時に痛いほど意識していました。彼の怖いくらいに熱く硬く肥大した股間の昂ぶりが、私の太腿を擦り上げてくるのを。

「ああ、孝太郎の……すごい！　ねえ、舐めてもいいでしょ？」

私がたまらずそう言うと、彼は、

「ああもちろん、お互いに舐め合おう！」

と答え、私たちはシックスナインの体勢になだれ込み、お互いの性器をこれでもかと舐め、しゃぶり、啜り合いました。

ものの二、三分もそうしていると、私のアソコはダムが決壊してしまったかのように大量の愛液で溢れ返り、孝太郎の肉棒も亀頭が信じられないくらいに鮮やかに赤く充血し、パンパンに張りみなぎった先端の鈴口からタラタラと透明な液を滲み出させていました。勃起した竿の表面にもウネウネと太い血管が浮き出し、まるで淫らな怪物のような有様になっていました。

私は思わず恥も外聞もなく叫んでいました。

「ああっ、孝太郎……もうきてぇっ！　孝太郎の太いペニスで、私のマ〇コ、ぐちゃぐちゃにしてえっ！」

「くうっ……いくよっ、優花っ……！」

彼はそう応えると、私の濡れ乱れたそこに、深々と昂ぶりを突き入れてきました。

万感の想いと、嵐のような快感が襲いかかってきます。

「ひあ、あっ……あああぁ～～～～っ！　す、すごっ……孝太郎……いいっ！　いいの～～～！　し、死んじゃう～～～～っ！」

「あう、ううっ……優花、優花ぁっ……！」

あっという間に彼のピストンはトップスピードに乗り、四、五分ほどの激しい抜き差しの果てに高みに至り、私の中に熱い奔流をほとばしらせていました。

もちろん私も、気絶するかと思うような絶頂の果てに昇り詰めていました。

彼のトータル滞在時間はものの十分ほど。

それでも、あの失われた青春時代をやり直すには充分だったように思うのです。

■ムニュムニュと乳房を揉みしだきながら、赤ん坊のように乳首に吸いついてきて……

家主さんの年に似合わぬ立派な肉の存在感に圧倒されて

投稿者 中西恵理（仮名）／38歳／専業主婦

前々から、そのまとわりつくような、まるでなめくじがぬめった跡を残しながら這いずり回るような、気味の悪い視線には気づいていたんです。ああ、きっとこの人は私のことを心の中で好色な欲望で舌なめずりしながら見ているんだろうな、と。

私は今年三十八歳になる主婦ですが、自分でいうのもなんですが、とても男好きのするカラダをしているというか……全体的に適度に脂肪がのって、胸はふくよか、腰回りやお尻も、よく「モテぽちゃタイプだね」と主婦仲間から言われるような肉感的なアピール力があるらしいんです。加えて、顔も美人ではないものの「癒し系」だそうで、悪く言われたことはありません。

だから、その視線にはある種、「ああ、またか」という、なかばあきらめにも似た感想しか持ってはいなかったんです。でもまさか、その欲望を実行に移してくるとは！

その日、私は月に一回の家賃の支払いのためにその家を訪れていました。

わが家は一軒家ですが借家で、夫の祖父の代……もう四十年以上前からここに住み、姑と私たち夫婦、そして中一の娘が暮らす今も、隣り合わせて建っている家主さんの家に毎月家賃を払いに行っており、その係が専業主婦で普段家にいる私というわけなんです。今どき不動産屋を介さないこんなスタイルも絶滅危惧種だとは思いますが、家主さんと世帯主の姑の意向なので、まあしょうがありません。

呼び鈴を押すと、奥から家主の加藤さん（六十四歳）が現れ、いつもどおり私は奥の応接間に通され、そこで家賃を払い、受取りをもらいました。その間も、加藤さんは私が気づこうが気づくまいがおかまいなしに、例のあの視線を私の全身に這わせています。昨年、奥様を病気で亡くされ独居生活で、今はたまに独立した息子さんが心配して時たま様子を見に来るという話ですが、そんなの杞憂なんじゃないの？　と思ってしまうほど、きれいに禿げあがった頭以外はまったく年齢を感じさせない、ギラギラとしたエネルギーを発散させているような人でした。

いつもの工程をすべて終え、そそくさと辞去しようとする私に向かって、加藤さんがこう言って引き留めてきました。

「ねえ、奥さん、ちょっとビールでも一杯つきあっていかない？」

　でも、さすがに昼間からそんなと、私が遠慮しようとすると、

「ほら、もうじき契約更新の時期でしょ？　それについても相談したいと思ってるんだよ。どうかな？　今のご時世だし、なんなら家賃の値下げをしてもいいと思ってるんだけど……」

　これは聞き逃せません。世帯主は姑だけど、家計を預かっているのは私です。このタイミングで家賃を下げてもらえれば、たとえ月三千円だとしても、年間で三万六千円の住居費の圧縮です。私はご相伴に預かる決心をすると同時に、もうある程度、それ以上のものを要求される覚悟をしていたかもしれません。

　ギブ&テイク、それがこの世の決まり事というものですから……。

「はい、それじゃあお疲れさま。かんぱ〜い」

　カチンとグラスを合わせ、注いでもらったビールを呷ると、たまらない刺激が喉を滑り降り、すぐに心地よい火照り感が全身を包んでいきました。私、アルコールは嫌いじゃないけど、そんなに強いほうでもないんです。

「ふ〜、やっぱり奥さんみたいな素敵な女性と飲むビールは、また格別だね〜」

　加藤さんはそう言って、さりげなくソファの私の隣りに移動すると、ビールをさらに注ぎながら、体をすり寄せてきました。

「あ、私、もうそんなには飲めな……」

「まあまあ、いいから、いいから」

すぐ間近に迫ってきた加藤さんからは、あからさまに鼻息が荒くなるのを感じ、私の半袖のブラウスから出た二の腕は、彼の熱い体温とじっとりとした汗の湿感を受け取っていました。

（ああ、やばいなあ、これ……やっぱり逃げちゃったほうがいいかな……）

この期に及んで一瞬葛藤した私でしたが、さらに押し迫ってきた加藤さんの体の圧力に屈するかのように、身動きすることはできませんでした。

そして、もはや加藤さんも己の欲望を隠し立てすることもしませんでした。

「ああ、奥さん……私はもうずっと前から奥さんのこと……見るたびに、たまらなくなって仕方なかったんだ」

そう言って、ねろりと私の首すじを舐めてきたんです。

それは、その視線以上に、熱くて、ぬめって、気持ち悪くて……でも同時に、ゾクゾクするような感覚を私にもたらしてきました。

「はぁ、はぁ、はぁ……ああっ！」

そのまま加藤さんは、横抱きに私を抱きしめ、ブラウス越しに胸を鷲摑み揉みしだきながら、ボタンを二つ弾き飛ばして胸元に顔を突っ込んできました。そして、ブラに押さえられ盛り上がった私の胸の谷間にむさぼりついてきて……！

「あ、ああっ、だめ……やめて、そんなっ……！」

「いやいや、何を今さら……ねえ、ここまできたら、大人のやりとりをしましょうよ、奥さん、ね？　私は奥さんを抱きたい、奥さんは家賃を下げてもらいたい……いいじゃない、これぞギブ＆テイクだ。さあ、ほら、カラダを開いて……」

私は、加藤さんの口からもギブ＆テイクという言葉が出たことに苦笑いしながらも、もはや完全に観念し、言われたとおり体から力を抜いて、身を任せていました。

「ブラウスのボタン、こんなにしちゃってごめんね。ちゃんと新しいの買ってあげるからね」

加藤さんはそう言いながら残ったブラウスのボタンを外し脱がせると、ブラジャーも器用に外してきました。これは相当遊び馴れているふうの手際です。

そして、私の乳房が露わになると、上ずったような感嘆の声をあげ、

「ああっ、いい、すばらしいっ！　想像してたとおりのたまらんオッパイだ！」

ムニュムニュと両手で左右の乳房を揉みしだきながら、赤ん坊のように乳首に吸いついてきました。私の乳首、ちょっと人より大きめで恥ずかしいんですが、そんなの

も、加藤さんにとっては嬉しいものだったみたいです。チュウチュウ、チュパチュパと吸いねぶりながら、

「う〜ん、この吸い応えたっぷりの乳首もたまらん！　熟れたサクランボウみたいに美味しいよ！」

そう言い、そのまま私に覆いかぶさってきてソファに体を押し倒すと、片手を下のほうにやってスカートにも手をかけ、脱がしにかかりました。

そうされながら、私のほうもすっかり全身の性感が昂ぶってしまい、その興奮に促されるままに自分から加藤さんの股間に手をやっていました。ズボンのベルトを外し、その奥から現れたガチガチに硬く大きく勃起した、年齢を感じさせないペニスに驚きながら、恥ずかしいくらいに濡れてくるのがわかりました。

そしてとうとう下半身も剝かれ、私は全裸に。

加藤さんも下だけ裸になって、剝き身の勃起ペニスをそそり立たせました。

「はぁ、はぁ、はぁ……いいね、奥さん、入れるよ？　奥の奥まで、突いちゃってもいいよね？　うん？　うん？」

「はあ、はい……ああ、はぁ……」

もはや私はまともに言葉にできないほど昂ぶりまくり、加藤さんの挿入を待ちわび

ていました。そして、ついに入ってきたそのたくましい肉の存在感に圧倒され、悶え、わななき……抜き差しされるその律動に合わせて自分でも腰を迫り上げ、跳ね上げ、声をあげて感じまくっていました。

「あひ、ひぃ、ああ！　いい、いいわっ……すごい、感じるぅ〜〜〜！」

「あふ、ふぅ……奥さん、ああ、奥さんっ……」

そうやってパワフルな抜き差しが五分ほども続いたでしょうか。

私はその間に二回達し、最後、子宮に届かんばかりの勢いで放たれた加藤さんの熱いほとばしりを、体の奥底で受け止めていたのでした。

その後、結局家賃は月一万円も値下げしてもらえることになりました。これで年間十二万円の節約……我ながら、いい仕事をしたと思います。

ちなみにあとから、ボタンを弾き飛ばされた二九八０円のブラウスの代償に買ってもらったのは、一万円の高級品でした。

これもラッキー！　ってかんじでしたね。

■私たちはお互いの胸を密着させ、擦り合わせるようにきつく淫らに抱き合って……

当直の夜に同僚ナースと女の快感をむさぼり合って！

投稿者　渡辺樹里（仮名）／29歳／看護師

私は今年で結婚三年目。看護師の仕事は忙しくて大変だけど、サラリーマンの夫との夫婦仲もよくて、それなりに幸せで充実した生活を送っています……と、言いたいところだけど、一つだけどうしても満ち足りないものがある……。

それは、私の本当のセクシャリティは女性が好きなレズビアンで、それを満足させるレズSEXの機会になかなか恵まれないということ。いやまあ、夫とのSEXもイヤっていうわけじゃなく、それなりに愉しめるんだけど、やっぱり、真から感じることができるかっていうと、それは難しいみたいで。

だから、そういうレズ欲求が溜まりに溜まると、一定の周期で爆発しちゃいそうなかんじで女性とエッチしたくて仕方なくなっちゃうんです。

ついこの間も、そんなチョー欲求不満な衝動に襲われてしまった私。こともあろうに仕事中に、同僚相手に炸裂させちゃったんです。

その日は当直で、他に三人の同僚と共にナースステーションに詰めていました。

私は決まった時間の見回りを終えると、仮眠をとるためにナースステーション奥にある休憩室へと向かいました。

ドアを開けて室内に入ると、今の時間は誰もいないはずなのに、仮眠用ベッドの上に寝ている姿がありました。

由美枝ちゃん（二十六歳）でした。

「どうしたの？」と声をかけると、少し体調が悪くて、しばらく休ませてもらってたということでした。「大丈夫？」という私の問いに、だいぶよくなったからあと少しだけ、と答える彼女。

白衣に包まれ、その横たわった豊満な体を見ているうちに、私、もう無性にムラムラしてきてしまいました。この前、レズビアンの出会い系で物色した三十二歳の人妻とヤッてから、もう一ヶ月近く経っています。そのときのめくるめくような快感の感覚が今でも時折フラッシュバックし、溜まっていくレズ欲求が余計に刺激されて……私はもう辛抱たまらなくなっちゃったんです。

前々からの直感で、由美枝ちゃんにもそれなりにこっち側の素養があるんじゃないかとにらんでいたという背景もあり、私は思い切って手を出してしまいました。

ベッド脇にひざまずくと、仰向けになって目を閉じている彼女のナース服のボタンを外し、前をはだけました。うまい具合にフロントホックのブラだったので、たやすくプチンと外し、その胸を露出させました。寝ているのに横に流れることなく、そのメロンのように豊かな膨らみがプルルンと揺れました。

ああ、美味しそう……たまんない！

私は左右の胸をやさしく、ゆっくり大きく揉み回しながら、同時に大きな乳輪に囲まれた可愛い乳首も摘まみこねて刺激しました。すると、だんだん反応したそれは硬くなってツンと立ち上がってきました。

ん……ううん、うっ……夢うつつ状態の由美枝ちゃんの唇から、小さく甘い喘ぎ声がこぼれ、心なしか肌がピンク色に上気してきたようです。でも、まだ起きる様子はないので、私はあらためて、今度は乳首を舐め始めました。

チロチロ、チュクチュク、チュウチュウと舌先をからめてねぶり回し、強弱をつけて吸い上げると、私の口の中でそれは、今にもはち切れんばかりにプックリと膨張してきました。

そうしていると、私自身の性感も高まってきて、ナース服の下で乳首はジンジン、アソコはジュクジュク……淫らに反応してくるのがわかりました。

と、乳首舐めに夢中になっている私を、薄眼を開けて由美枝ちゃんが見ているのに気づきました。いつの間にか目を覚ましていたようです。一瞬、ヤバイかなと思いましたが、彼女は嫌がるでも、私の行為をなじるでもなく、うっとりとした目線をよこしてくるだけ……私は心の中で快哉を叫びました。

やっぱり私の読みは当たってた！　由美枝ちゃん、私とおんなじ隠れレズね。これで心置きなく愉しめるっていうものよ。

私は彼女の乳首から唇を離すと、それをコリコリ、クニュクニュとこね回しながら、今度は口にキスしました。すると、嬉しいことに彼女のほうから舌を伸ばしてきて、私の口内を舐め回し、舌を吸ってきたんです。

「んちゅ、くぷ、ぬぷ……んじゅ、じゅにゅ……うう、う……」

そうやってお互いに啜り合いながら、今や彼女も私の体に手を回し、まさぐりいじっています。私のナース服のたもとをこじ開けて胸元に手を突っ込んできて、すると、私ってそれほど胸が大きくないものだから、ブラのカップが大きめでうまい具合に隙間が開いてしまい、いともたやすく直に乳首に触れてきました。私に負けるもんかというかんじで熱の入った乳首いじり攻撃を仕掛けられて、

「んぐっ、うぷっ……んんっ……！」

私は彼女と舌をからめながら、喜悦の呻きを漏らしてしまいました。

そんな私を、彼女は引っ張ってベッドの上に引き上げようとしてきました。私は、「OK」というかんじでアイコンを交わすと、シューズを脱いでベッドの上へ、彼女の体に覆いかぶさるように乗り上がりました。するとそのはずみで私のブラもずり上がってナマ乳が露出し、私たちはお互いの胸を密着させ、擦り合わせるようにきつく抱き合いました。

双方の乳首に、あらためて唾液をなすりつけてぬめりを与えると、ヌチャヌチャ、ニチュニチュと、それをいやらしくからみ合わせて、溢れ出す気持ちよさに二人して身悶えしてしまいました。

「あ、はぁ……ゆ、由美枝ちゃん……いいわ……」

「んん、渡辺さん……いい、きもちいいですぅ……」

私たちはそうやって乳首をからみ合わせたまま、今度は互いのナースズボンの前立て部分に手をやり、双方のファスナーを下ろして股間に余裕を持たせると、下着の内側に潜り込ませました。そして、もう十分に濡れ乱れているアソコをまさぐり、肉豆をいじくり、肉びらを掻きむしり合って……女同士の快楽をこれでもかと貪欲にむさぼったんです。

いつしかお互いの指は、それぞれの一番深いところまで掘り進んで、グチャグチャ、ジュボジュボと、とんでもなくあられもない音をたてながら、双方の性感を追い込んでいました。

そしてとうとう、

「あっ……ひ、ひう……んふぅ……」

「んくっ、くふ……んあぅ……」

必死で声を抑え込みながら、私たちはほぼ同時に達してしまったんです。

そのおよそ五分後、私たちがそそくさと身づくろいを整えた直後、同僚のナースが何も知らず部屋に入ってきて、私と由美枝ちゃんは秘密の笑みを交わし合いました。

あ〜っ、やっぱりレズHって最高！

スリリングなシチュエーションが、また余計にたまらない体験でしたね。

■私、下腹部に力を入れて締め付けて、先生のおチン○ンの動きを止めてやったら……

スイミングクラブでの強烈3P快感にもうメロメロ！

投稿者 青木瞳（仮名）／40歳／パート

ええ、そうです、不倫したのはこれが初めて。本当ですよ？

やだ、疑ってます？

私、結婚して十五年、夫一筋でした、そう、ママ友の松井……あ、仮名でお願いしますね、松崎さんにしましょうか。それと私の名前は青木瞳でお願いしますね。え、なぜかって？　だって……ちょっと私、似てません？　女優の黒木瞳さんに。自分じゃ思ってないですよ、でもみんながそう言うんですもの。結婚前から言われてました。まぁ近年は黒木瞳＋二十五キロですけどね。ふふふふ。

えっと、話はなんでしたっけ？　あ、そうだ、主婦友の松崎さん。彼女に誘われてスイミングクラブに入ったんですよ。不倫したのはその場所で。相手は……簡単に想像出来るでしょ？　あ、その顔！　よくある話だって思ったでしょ？　そうなんです、相手はズバリ、イケメンと評判のインストラクターと、です。

いいえ、だからさっきもお話ししたように私に手記は書けません。しゃべるのは得意なんですが、それをいざ文章にすると上手い具合に表現できなくて。だから私が今からお話しすることを編集長さんに文章にしてもらいたいんですよ。え？　まだ編集長じゃない？　副編？　ああ、そうなんですね、私、そういうの全然わかんなくて。気に障ったらごめんなさい。まぁそういうわけで、とにかく文章起こしはおまかせしますね。

で、スイミングクラブの入会初日。真新しい水着を着て、さっそくプールサイドに行くとイケメン先生……あ、池田先生って仮名でお願いしますね。池田先生が、「皆さん〜、そろそろアクアビクスの時間ですよ〜、参加される方はこちらに集合して下さい〜」

って。その声に水中ウォーキングしてたオバサマたちや、サウナに入ってた人たちが一斉に集合したんです。ほとんどが女性、しかもご高齢の方ばかり。私なんて全然若い部類よ。ふふ。

だけどいざ、レッスンが始まると、私だけ動きがヘタレで、みっともないくらいについていけなかったの、高齢者の人たちの動きはリズミカルなのに。で、レッスン後に池田先生と松崎さんが、「最初は大変だけど頑張ってね」と声をかけてくれてね。

「水の中ってこんなに動きが鈍くなるとは知りませんでした」って言うと、「ちょっとしたコツがあるんですよ、水を摑むっていうか……」池田先生はそう言って何やら松崎さんとアイコンタクトなんか交わしちゃってるわけ。

なんだろう？　と思っていると松崎さんが、

「ねぇ、明日はここ休館日なんだけど、池田先生がね、特別レッスンしてくれるから私と一緒に受けてみない？」

って。

「え、ええ？　いいの？　私も？」

正直、アクアビクスなんてそこまで本気で打ち込もうなんて思ってなかったんだけどね、イケメン……いえ、池田先生と少しでもお近づきになれるならって二つ返事でOKしちゃった。

で、さっそく次の日の夜。

「さぁ始めましょう、まずはウォーミングアップ、両手をバタバタバタバタ……」

プールサイドから先生の合図が響いて、同時に軽快なBGMが流れ始めてね、私は肩まで水に浸かって両手をばたつかせたの、もちろん水の抵抗があって簡単にはできないんだけど。その時ザブン、って先生がプールに入ってきて、

「体に力が入り過ぎ。ほら、もっとリラックスして……」

そう言いながら、いきなり私の後ろから両脇に手を回してね、「ひゃっ」って思わず声が出てしまったわよ。すると横にいる松崎さんが、「青木さん、緊張しちゃだめよ。今日はせっかくの特別レッスンなのよ」って言うから、先生の手が両脇から徐々に伸びて胸の上を触ったり、水着の肩ひもを下げられて生パイをモミモミされても、（これも特別レッスンの一環なのね）と、されるがままになるしかなかったわけ。でね、ふふ、揉まれるうちに私ったら感じてきちゃって、「あ……ん、ん……」って、よがり声出ちゃったのよぉ～～。その声を聞いた松崎さんがすばやく水中に潜って、私の水着をズズズッってずり下ろしてね。

「え、え、え?」と思う頭と、「やっぱりきたか」と観念する気持ちがごちゃごちゃになって……そう、勘のいい私は、これが3Pの始まりだってわかっちゃったのよん。松崎さんは、プハッて水面に顔を上げるや否や、池田先生の指の合間から見え隠れする私の乳房をペロペロ舐め始めて……。

「んっあふ～～～う」

もう遠慮なく声を上げることにしたわ。次に後ろから池田先生が腰を押し付けてきてね、驚いたわよ～、いつの間にスイミングパンツ脱いだの? って。たぶん脱がせたのは松崎さんね。とにかく、先生のおチン○ンが私のお尻の間にズブズブと入ってきて……ええ、ビックリでしょ？　私ったらすでに濡れちゃってて、ちょっと腰を突き出しただけで簡単におチン○ンがアソコに入ってきちゃったの。え？　プールの中だから濡れてて当然って？　違うわよぉ～、ただの水が私の膣をヌルヌルに潤すわけないじゃないの。私の膣液……愛液とでもいうの？　それでおマ○コぐちょぐちょだったのよぉ～。

「んぉ～～んぉ～～」って池田先生が猛獣の如く呻いてピストン運動が始まったわ。自分で言うのもなんだけど、私、アソコを締めるの得意なのね。クッと下腹部に力を入れて締め付けて、先生のおチン○ンの動きを止めてやったら、

「あああ～～、いい……いいですね、そ、それ……」

先生、悦びの雄たけびあげてくれた！　なんだか嬉しくてね、腰をもっと突き出して、根元まで先生のおチンチンを呑み込んであげた。で、腰を引いて肉棒抜いて、また押し出して奥まで挿れてあげて……その時、「ひゃっ！」っと叫んで息を呑んでしまったのは、乳首を舐め回していた松崎さんの手が、私のクリトリスを摘まんだから。

「青木さんのクリちゃん、大きい～～」水面から顔を出して松崎さんが言ってね、

「私にも触らせてよ、あなたのを」って、私ったら大胆にもそんなことを口ばしって

しまったの。松崎さんは、イエスという代わりにそそくさと水着を脱ぎ捨てて、私の正面からピタリと体を合わせたわ。それでお互いにアソコをまさぐり合って……。「ふぅっあぅあぅ……」「んんん〜〜〜」って、声出し合って……え？　感触はどうだったかって？　松崎さんのおマ〇コの？　柔らかかったわ〜。そして温かかった。私、浮気するのも初めてなら、女性の陰部を触るのも初めてでゾクゾクしたわ。私も松崎さんのクリトリスを摘まんでみたのよ、小豆みたいに小さいの、でもぐにゅぐにゅ揉んでいくうちに固くなって……そう、勃起！　クリちゃんは勃起するのよ！いや、夫が昔そんなことをセックスの最中に口走ったことがあって知ってはいたけど、でも実際にこの指で確認できて、もぉ〜〜感激よ、っていうか興奮よっ！　私思わず言っちゃったもんね、「入れていい？」って。まるで男になった気分だった。「い、入れて……」その返事を聞くより早く中指を挿入してみたわ。膣の中、温かかった〜〜！　まだ余裕ありそうだったから人差し指も一緒に挿れてみたら、「あああ〜〜〜、いい〜〜〜」松崎さんがのけ反って、私はその体が離れないように左腕で彼女の腰をぐぃっと抱き寄せてね、え？　池田先生？　もちろん私のアソコに出し挿れ中だわよ。そう、なかなかイカないの。若いわよねぇ〜、ふふ。

　で、松崎さんの膣の中は、なんていうか底なし沼のように奥が深くて、たぶん私の指が短いせいね、奥まで届かないの、それでも十分松崎さん感じていたわ、指の腹で膣を撫でたり掻き回したりしてあげたからね。初めてだったけど、わかるのよ、どこらあたりがイイ気持ちになるかぐらい、同じ女だからね。

「あああ～～いい～～、そこ～～、もっと……突いて……そこよぉ～」

私の指を伝って松崎さんの生温かい膣液が流れ出てきて、

「いい……イク……イクゥ～～～！！」

その声に反応して池田先生も、「おうっおうっ、うぉぉぉぉ～～～！！」って、私の中でしごき回して果てたから、私もそれに合わせてエクスタシーを迎えたわ～！

ハァハァハァハァ………、

あ、ごめんなさい、ついあのときのことを思い出して息が上がっちゃった。

え？　エッチしたのはそのときだけかって？　まさか。その後もちょいちょい休館日の午後、三人でヤッてるわよ。

若い男性のって凄いのよ。私の中で果てて三十分も経たないうちに、今度は松崎さんのアソコにぶち込んでるんだからねぇ、タフよねぇ。私、今まで自分をノーマルだと思ってたけど、松崎さんの乳首吸ったり、おマ○コいじったりするのが本当に愉しくて気持ちよくって……レズ感っていいわぁ、それに3Pも。

あら、もうこんな時間じゃないの。そろそろ行かなくっちゃ！

あ、今日、いつものその休館日なのよ。実はね、ふふ……おもちゃ用意してみたの。松崎さんのおマ○コに挿れて……そのあと、私のココにぶち込んでもらうわ。

ああ〜〜〜、楽しみ！

想像しただけで、もう濡れてきちゃうわぁ。

あ、ぜんぶちゃんと録音してもらえました？　私の体験談がのった本、できあがるの楽しみにしてますね！

■彼の熱くて硬いたぎりが、濡れた肉びらを押し開いて、ズブズブと入ってきて……

夫に振られた腹いせに元セフレと肉の再会に乱れ狂って

投稿者　赤井沙耶（仮名）／32歳／パート

本当はその日、北海道に単身赴任してた夫が半年ぶりに帰ってくるっていうので、私もう、今か今かと心待ちにしてた。大好きな夫と早く会っていっぱい話したいっていうのはもちろんだけど、なんといっても一番欲しているのは、やっぱり半年ぶりのエッチ！　この間、夫のことを思ってウズウズしちゃって、どれほど一人自分で自分を慰めたことか……。

なのにそれが、直前で帰って来れなくなっちゃうなんて！　急なシステムトラブルの対処？　知らないわよ、そんなの！

私のこの昂ぶりまくった欲情、いったいどうしてくれるの⁉

もうどうにも治まらない私は、スマホを手にとると、ある番号に電話してた。

それは、ＯＬ時代につきあってた元カレの亮平（三十三歳）。まあ、厳密にいえば元セフレ？　当時、彼のことなんて好きでもなんでもなかったのが、一度あまりにも熱心に言い寄ってくるもんで、その熱意に負けて寝てあげたら、これがもうメチャクチャよくって……それ以来、変わらず恋愛感情なんて全然なかったけど、私が夫と結婚するまでの一年半の間、月一～二回の頻度で関係してた間柄。

亮平に連絡をとるのなんて、もう三年ぶりだけど、電話に出た彼は相変わらずのチャラ男っぷりで、向こうも結婚して二人の子どもがいるっていうのに、私の「エッチして」コールに二つ返事でホイホイ応じて、翌日の土曜日の昼下がり、マンションまで来てくれた。

「やあ沙耶、久しぶり！　連絡くれてありがとう！　実は俺もおまえのこと、しょっちゅう思い出しては、またヤりたいなあってウズウズしてたんだ」

ほらほら、これだもの。ほんと調子いい。

でも、そのレスポンスのよさが、今はとっても嬉しい。かつて、ただ欲望の赴くままにお互いのカラダの隅々まで知り尽くした相手同士、余計なやりとりは一切不要。

私は、彼を玄関に迎え入れるや否や抱きついてキスして、その勝手知ったる煙草臭い味わいをむさぼった。そしてそうしながら、お互いに服を脱がせ合いつつ、もつれるように浴室のほうへと歩いていった。

二人全裸になって浴室内になだれ込むと、シャワーの栓をひねってお湯を出し、二人してそれを浴びながら、お互いに体中をボディシャンプーの泡まみれにして。

「沙耶、相変わらずいいカラダしてるなあ、オッパイもまだまだはち切れんばかりに弾力があって……ほら、プリップリ！」

「あ、あぁん……！」

亮平は泡のぬめりを絶妙に利用して乳房を揉みしだき回しながら愛撫し、固く尖り立った乳首もしごき立てるように可愛がってくれて……私はその気持ちよすぎる感覚に、思わず背をのけ反らせて喘いでしまう。

こっちだって負けてられない。

私は手を下のほうに伸ばすと、すでに大きくなってきている亮平のペニスを摑み、こちらもたっぷりと泡をからませながら、しごき愛撫してあげる。そうしながら目をやると、ギンギンに硬く勃起したペニスの、パンパンに張った亀頭の赤黒さと泡の白さの生々しいコントラストが、無性にエロチックで私はさらに余計に興奮してしまう。

「ああ、亮平……んんっ……」

「はっ、あ、沙耶……ちょ、ちょっと激しすぎっ……うっ……」

竿と亀頭を激しくしごき、こねくり回しながら、金玉のほうも揉みしだいてあげると、彼のほうもたまらずその快感に呻いた。そして、さらに負けじと私のアソコにも指を差し入れて、ヌチュヌチュと掻き回し、抜き差ししてきて。

「あう、ふぅ……んっ、はぁ……」

「はぁ、はぁ、あ……、沙耶、もうおまえに入れたくてたまんないよ。そろそろベッドのほうに行こうぜ」

「んん……っ、わ、わかった……」

私たちはシャワーでお互いの体の泡をきれいに洗い流すと、軽くバスタオルで拭いてから、私と夫の夫婦の寝室へと移動した。

ベッドに上がった私のアソコは、もう恥ずかしいくらいにグチョグチョ、亮平のペニスも怖いくらいにギンギン。彼が訊く。

「さあ、今日のお望みは?」

「バックで!」

「よしきた!」

私は四つん這いになり、彼はそのお尻をがっしりと掴む。そして、熱くて硬いたぎりが、濡れた肉びらを押し開いて、ズブズブと入ってくる。

「あ、ああ、ああん……は、はぁっ……!」

亮平のペニスと私のアソコのこのフィット感、やっぱりサイコーだ!

「ああ、亮平、突いて突いて突きまくってぇ……私のオマ○コ、めちゃくちゃにしてえっ！　あひ、ひぃ……あはぁぁんっ！」

「くう〜っ、沙耶のマ○コ、やっぱサイコー！　締まるぅ〜〜っ！」

「あん、あ、あっ、ああああ〜〜〜〜っ！」

私はあまりに気持ちよすぎて、亮平が一発目を出すまでの間に三回もイってしまった。そしてその後、亮平が二発目を出すまでの間に、あともう二回。

お互いにとことん満足したあと、ふと時計を見ると夕方五時になろうとしていた。

「今日はとっても楽しかったよ。よかったら、またいつでも呼んでくれよな」

人懐っこい笑顔で帰っていく亮平を見送りながら、夫に対する若干の申し訳なさを感じつつ、またの再会を願っている私がいた。

■ついに待ちに待ったあの感触が、肉棒の圧力が肉びらを割って入り込んできて……

夫の浮気のショックでゆきずりの快楽に溺れてしまって

投稿者 野尻たまみ（仮名）／28歳／専業主婦

その日、私はどうかしていたのだと思います。

私のスマホに、夫の愛人だという女から電話がかかってきて、「ダンナさんはもうアタシに夢中なんだから、奥さん、とっとと別れてよ」だなんて……。

あの、やさしくてハンサムで、私のことを心から愛してくれていると信じていた夫が、まさか浮気していたなんて！　最初、タチのワルイいたずらかと思ったのですが、彼女が並べたてた内容は、夫のエッチのクセとか、肉体（特に性器）の特徴とか、本当に夫と関係を持っていなければ知らないようなものばかりで……。

「じゃあね、奥さん、早く離婚届の用意しといてよね」

そう言って彼女が電話を切ったとき、完全に私は呆然自失していました。

あの夫が……裏切った……妻の私を……！

そしてその激しいショックのあまり、私は着の身着のままでフラフラと家の外へさまよい出してしまったのです。

　時刻は夕方の六時を回った頃で、陽もかげりだし、夏の暑さもようやく治まってきつつありました。ふと道端を見ると、ちょうど行われていた道路工事の撤収が始まったところで、作業員の人たちがそれぞれの持ち場の片付けや掃除にとりかかっていたのですが、その中で一人、ひと際異彩を放つ人が私の目に留まりました。

　ほとんどの作業員が四十～五十代の中高年なのに対して、その人はせいぜい私と同じアラサーぐらいでまだ若く、しかも汗とほこりにまみれていながらも、その端正で精悍な顔立ちは、思わず胸がドキンと高鳴るほど目をひくものでした。そして、黒いタンクトップをまとったその肉体は、惚れ惚れするほどたくましく引き締まって。

　私は、優に三十秒ほども、そんな彼の姿に見入ってしまったにちがいありません。はっと気がついた瞬間、私と彼の視線は完全にからまり合っていたのです。

　私は慌てて目をそらし、そそくさとその場を去ろうと歩き出しました。

　でも、気づいていました。

　その私のあとを、彼がついてくるのに。

　私はドキドキと心臓の鼓動を高まらせながら、彼のするがままに任せました。そしてごく自然に、もう人気のなくなった小さな公園へと向かっていたのです。

ああ、私ったらいったい何をしようとしているの？

自分で自分に問いましたが、その答えは言葉になりません。

とにかく今、私は彼がついてきてくれるのが嬉しいし、とてつもなくこれから起こるであろうことを期待し、興奮してしまっているのです。

ほどなく時刻は七時を回り、さすがに辺りはすっかり暗くなってきました。

そんな暗闇の中、公園の隅の公衆トイレの明かりだけがぽっかりと灯っています。

私は誘蛾灯に集まる妖しい羽虫のようにそこに向かい、後ろから聞こえてくる彼の足音はまちがいなく速まり、あっという間にすぐ背後まで迫ってきていました。

そしてトイレの小さな建物に到着するや否や、彼は後ろから私の手を摑んで自分のほうへ振り向かせると、そのまま背中を壁に押しつけてきました。

あらためて二人の目が合い、お互いの姿をそれぞれの瞳の中にみとめました。

「あんた、きれいだね。でも、とってもさびしそうだ」

彼はそう言うと、私が何も答えない前に唇を合わせてきました。

その太くてざらついた、煙草臭い舌が私の唇を割って口内に入り込み、口蓋中をじゅるじゅると舐めむさぼり回したあと、こちらの舌にからみついてきました。

「んはっ、はぁ、あ、んふぅ……」

それはまるで私の体中の水分を奪い取らんばかりの勢いで吸い上げてきて、見る見る私の全身は脱力し、がくがくと膝が震えてきてしまいました。

「はぁ、はぁ、はぁ……あんた、ほんとにいい女だな。見たところ、いいとこの奥さんみたいだけど、なんであんな、俺のこと欲しがるような目で……？」

彼はいったん唇を離すと、あらためて私にそう訊いてきました。

なぜだか、私の目から涙が吹きこぼれてきてしまいました。

「うっ、うっ、うっ……だ、だって、だって……！」

自分でも抑えようがなく嗚咽が高まり、私は自ら彼の首に抱き着いてしまいました。

「抱いて、ねえ、抱いてっ！　あなたのそのたくましいカラダで、私のことめちゃくちゃにしてっ！」

そう叫ぶと再び抱き合ってキスを交わし、続いて私は彼の前にひざまずきました。

そしてズボンのジッパーを下ろし下着ごと足首のところまで引きずり下ろすと、彼の分身が目の前に現れました。

それは、まだほのかに昂ぶりつつある途中でしたが、もうかなり大きく膨らみ、私の眼前でひくひくとうごめきました。

「あ、ああ……すてき、すてきよ……」

私はそれを口に含みました。むせ返るような汗と垢の生臭い匂いがしましたが、決していやではなく、むしろ私の欲望を煽りたててやまないものでした。

「んじゅっ、んぷっ、んはっ……はぐ、んぐっ、んぶ……じゅぶっ、ぬふっ、んん、にゅじゅ、ぐぷ……んあっ、はぁっ……」

私は一心不乱にそれをしゃぶりあげ、呑み込み、吸いむさぼって……すぐに口の中で信じられない大きさに膨張していきました。硬さもものすごく、これを知ってしまうと、夫のあれっていったいなんだったの？　ナマコか何か？　と思いたくなるような気分でした。

「ああ、あんた、上手だね……もうちょっとしゃぶられたら、俺、出ちゃうかも……やばい、やばい」

彼はいたずらっぽく言うと、今度は攻守交替、私を壁際に立たせ、私の肉体に愛撫を加え始めました。

カットソーを頭から脱がせ、ブラを外して乳房が露出されました。スカートも下着も下ろされ下半身も露わにされ……私はトイレの中で全裸にされてしまったのです。

彼の唇が私の乳首をとらえ、ちゅうちゅうと吸いながら、時折ネロネロとねぶり回してきます。かと思うと、かりっと甘噛みしてきて……。

「あっ……ひぁっ！　んふぅ……」

「ほら、こんな、破裂せんばかりにビンビンに突っ張っちゃってる。ほんと、どエロい乳首……」

「あ、あああん……はひぃ！」

　彼の口が徐々に下のほうに下りてきて、おへそを過ぎ、下腹部を過ぎ……とうとう私のとっくに淫らに濡れそぼつたアソコをとらえました。唇で、舌先で、歯で、私の秘密の肉をいじくり、食み、かじり……甘美すぎる快感が、見る見る全身を覆いつくしていきます。

「あふ、んあっ、くはっ……も、もうだめ、た、たまんない……ねえ、おねがい、入れて……あなたのこのすごいの……っ！」

　とうとう私はがまんできず、恥も外聞もなく彼にそうおねだりしていました。

「ああ、いいぜ。俺もそろそろ限界みたいだ。あんたのなまあったかい肉の中にいれたくて、どうしようもなくなってる」

　彼はそう応えると、私に壁に手をつかせて身をかがませると、背後からがっしりと腰の肉を摑んできました。そして次に、ついに待ちに待ったあの感触が、肉棒の圧力が肉びらを割って入り込んできて……！

「ひっ、ひあっ……あっ、あああっ、ああ！」

「くうぅ、うっ、うっ、うう……うく！」

彼に激しくバックから突きまくられ、私は思う存分快感を注ぎ込まれたあと、失神するかと思うほどの絶頂感を味わいながらイキ果てていました。あとで見ると、彼のほうは射精する寸前にペニスを抜き去り、私の腰骨のあたりに射ち放ったようでした。

ふふ、見かけによらずやさしいのね。

その後、私たちは一言も言葉を交わすことなく別れ、私は一人帰宅しました。

そして夜の十時すぎ、夫が何も知らずに帰ってきました。

え、そのあとどうしたかですって？　そんなこと、知りたいですか？

とにかく、私は見知らぬ彼との逢瀬のおかげで見違えたようにスッキリと心が晴れ、夫の浮気のことなどどうでもよくなってしまったのです。

もう少し、このまま夫婦生活を続けてみようかと思います。

■坂田さんはすっかりジンジンと疼き昂ぶっている乳首に、ねっとりと舌をからませ……

おじさん客の老練なテクでたっぷりとことん責められて

投稿者 仲間ジュン（仮名）／23歳／飲食店勤務

去年、一つ年上のダイゴとデキちゃった婚して、今は昼間、近所にある実家のお母さんに子どもを預けて、オーガニック系レストランでウエイトレスとして働いてます。なにせ、ダイゴがまだまだ左官屋見習い中でチョー安月給なもので、そうでもしないととてもじゃないけど家計が成り立たないんです。

で、私ってば自分でいうのもなんだけど、顔もボディもけっこうイケてるルックスなもので、しょっちゅうお客さん男性から誘われるんですよね。もちろんそのたびに、「いや私、これでも人妻なもんで」って言って、お断りするんですけど、まあ悪い気はしないですよね。自分もまだまだオンナ現役だなって思うと。

ただ、中で一人だけ、どんだけお断りしてもしつこく言い寄ってくるお客さんがいて……坂田さんっていう四十代後半くらいのおじさんなんだけど、筋骨たくましいダイゴなんかと違って見た目も貧相だし、顔もあんまり好みじゃないしで、ちょっとうんざりしてたんです。まあ、お店がお店なんで（意識も値段も高い系）、そこの常連客ということでお金は持ってそうではありましたけど。で、とうとう挙句の果てにこんな提案をされちゃったんです。

「一回オトナのつきあいしてくれれば、五万あげるけど……どうかな？」

え、どうしたかって？

そりゃもう……一発ＯＫしちゃいましたとも！　五万ですよ、五万！

それだけあればかなり家計も助かるし、何か一つくらい自分の欲しいものも買えるってものです。もう、好みじゃないとかなんとか、大した問題じゃないです。

数日後、私はお店に休みをもらい、何食わぬ顔でいつもどおり実家に子どもを預けると、坂田さんの車で（おベンツです）誰もが知ってる高級ホテルへ連れていかれました。もちろん、そんなところへ入るのなんて生まれて初めてですとも。

チェックインしたのは昼の一時頃でした。私は夕方の五時すぎくらいには帰らないといけないので、実質この『オトナのつきあい』にかけられる時間は三時間ちょっと。まあいっても、若くもなく、あれだけ貧相で体力もなさそうな坂田さんにとっては、有り余る時間かなって……そんなにもつわけないですものね。

私はそう高をくくっていたんですが……。

　私たちはそれぞれ、ちゃちゃっとシャワーを浴びて汗を流したあと、ベッドに入りました。すると、坂田さんが言いました。

「じゃあ、手足を縛らせてもらっていいかな？」

「えっ？　し、縛るって……？」

「大丈夫、跡がついたりしないように特殊なゴムひもを使うから。それに、絶対に痛くしたりしないから。ね？」

「はあ……まあ、いいですけど……」

　私は若干の不安を感じながらも、「五万、五万……」と心の中で自分に言い聞かせつつ、坂田さんの要求を受け入れ、彼が私の両手両足を大の字に大きく広げ、ベッドの四隅に縛りつけるのに任せました。

　なにせ部屋の照明は明るいまま、私は全裸で何もかもおっぴろげ状態なわけで、そりゃかなり恥ずかしいものがありましたが、そこでまた「五万、五万」と。

　坂田さんのほうはパンツ一丁という格好で、私のカラダを眺め渡しながら、

「おお、仰向けでも胸の丸い張りはそのままで……こりゃすばらしい。さすがのナイスバディだね。それじゃあ、じっくり楽しませてもらうとするか」

　と言い、ゴソゴソと何やら取り出し、それは小さくて可愛いピンク色の物体でした。

「これはピンクローターっていってね、こうしてリモコンのスイッチを入れると……」

カチッという音とともにヴヴヴヴ……と小刻みに振動を始めたそれを、坂田さんは私の乳首に触れさせてきました。途端にくすぐったさが襲いかかり、私は身悶えしましたが、それが甘美な痺れに変わるのにそう時間はかかりませんでした。

「あ……ん、んふ……くぅ……」

「ふふふ、その様子じゃあこういうのを使うのは初めてみたいだけど……どうだい、なかなかいいものだろ？　こうやってジワジワくるかんじが……」

坂田さんはそう言いながらピンクローターを自在に操ると、絶妙のタッチで私の乳首を責めたて、上下左右から快感のバイブレーションを注ぎ込んできました。

「あ、ひ……っ、んくっ、あっ、あっ……んああっ……」

自分では抑えようもなく、ますます大きく喘いでしまいます。

「ふふ、じゃあ今度は二刀流といこうね」

坂田さんはそう言い、もう一つピンクローターを取り出すとスイッチを入れ、合わせて二つの振動を私の両方の乳首に加えてきて……。

「あああっ、あん、あん、はひっ！　んあっ、ひはぁぁあっ……！」

いよいよ激しく喘ぎが喉からほとばしってしまいました。

そうやってさんざん乳首を震わせられたあと、

「まだまだ、お楽しみはこれからだよ」

坂田さんはそう言うと今度は、すっかりジンジンと疼き昂ぶっている乳首に、やさしくねっとりと舌をからませ、ねぶり、吸い上げてきました。同時に二個のピンクローターの振動が私の脇腹からおへそ、そして下半身のほうへと移動して新たな快感ゾーンを作り出しています。

「ああん、あ、あ、あ……す、すごい、いい、あ、あああっ！」

その絶妙の波状攻撃がとにかくたまらなくて、私はいっそう声を張り上げてヨガりまくってしまったんです。

「うんうん、いい感度だよ。全身が火照って薄桃色になってきて……とんでもなく敏感になっちゃってるんじゃないかな？　ほらほら……」

坂田さんはなおも、腋の下、腰のくびれ、太腿……と、私のカラダのあちこちをピンクローター責めして昂ぶらせたあと、いよいよ一番大事なところを……あらためて左右の乳首をローターで可愛がりながら、オマ〇コを舐めてきたんです。クリちゃんを舌先でつつき転がし、肉びらを掻き分けて潜り込ませると内部をほじくり回して……これまでの何倍もすごい快感の大波が押し寄せてきて、私は全身をビクビクとエビ反らせて感じ、悶えまくってしまいました。

「あああ、あ、ひあう、んはっ……あっ、ああ〜〜〜ん！」

坂田さんはそうやって、たっぷり二時間以上、さまざまなテクニックを駆使して私をヨガらせまくってくれて……初めての経験でしたが、私は挿入なしで三回も絶頂に達してしまったんです。

そして最後の最後、坂田さんはコンドームを着けた自分のペニスを挿入してきて、ほんの三分ほどの交合の後に果てましたが、私はもうそれまでに十分すぎるほどの満足感を得ていたので、まったく不満はありませんでした。

正直いうと、若さと体力だけのダイゴとのセックスの何倍もよかったです。

歳とか見た目とかだけでバカにしてた坂田さん、本当にゴメンというかんじでした。

私は新たなセックスの価値観と、大枚五万円を手にして、とっても充実した気分で子どもの待つ実家へと帰ったのでした。

第二章

淫らなあやまちに溺れて

■ご主人は信じられないくらいの執拗さで私の胸を舐め回し、乳首を吸い啜り……

評判の町中華屋のご主人に美味しく淫らに料理されて！

投稿者 清水塔子（仮名）／30歳／アルバイト

結婚してOLを辞めてから、ずっと専業主婦をしていた私ですが、とある事情で生まれて初めてアルバイトをすることになりました。

それはこの不景気による夫の会社の業績悪化……おかげで夫は大幅減給になり、とてもじゃないけどその稼ぎだけでは家計が立ち行かなくなってしまったんです。でも、夫を恨む気持ちなんてありません。今どき、その高い収入によってこれまで安穏と専業主婦をやってこれたんです。これからは私も少しは恩返ししなけりゃという気持ちのほうが勝っていました。

とはいうものの、家の近所には私のような元専業主婦がすぐに働ける、スーパーやコンビニなどのような店舗がほとんどなく、ちょっと困っていたのですが、そこでふと商店街の中にある、いわゆる町中華のお店がアルバイトの求人張り紙を出しているのを見つけたんです。

その店は私たち夫婦がマンションを買って引っ越してくる、もうずっと前からこの場所で営業しており、地域の皆に愛されている安くておいしい評判店でした。もちろん私も夫もお気に入りで、もう何度も食べにきていました。ご夫婦二人で切り盛りしており、調理担当のご主人（六十歳）は、中華鍋を振るう腕っぷしも太くエネルギッシュなかんじで、でもとても人当たりのいいおじさんでした。

今どき時給八百円というのが、ちょっと厳しくはありましたが……この際ぜいたくは言ってられません。私は求人に応募し、即決で採用してもらうことになったんです。

私は月曜から金曜、夕方五時から閉店の夜十時までというシフトで、接客・配膳担当として働くことになりました。なんでも奥さんが姑さんの介護をする関係で、その時間働けなくなり、その代わりという形でした。

人気店だけあって、夕方以降のその時間帯はとても忙しく、私は慣れない最初のうちはもう失敗ばかりの大わらわだったのですが、一週間もするとだいぶ呑み込めてきて、まあまあスムーズに店内を切り回せるようになってきました。ご主人や馴染みのお客さんたちからも「トコ（塔子の愛称）ちゃん」と呼ばれて可愛がられるようになり、働くことが楽しく感じられるようになっていったんです。

そんなある日のことでした。

「トコちゃん、今日はもうお客さん、来そうにないねえ。早仕舞いにしようか」

まだ閉店まで一時間近くある九時過ぎに、ご主人がそう言ってきました。

確かにその日は土砂降りで客の入りも悪く、最後のお客さんが帰ってからもう三十分近くも一人の来客もナシという状況で、仕方ないかなというかんじでした。

「そうですね。ちょっと早いけど閉めましょうか」

私はそう応えると、表の〝営業中〟の札を外し、看板の灯りを消しました。店内に戻って生ごみを捨てる準備をしようとすると、ご主人が、

「ああ、いいよ、そんなのあとで。それより、こんな日はそう滅多にないんだ。たまには二人でビールでも飲んで、プチ慰労会といこうじゃないか」

と声をかけてきたんです。

そんなの、私がここで働き始めてから一ヶ月、初めてのことでした。

私は実は下戸に近いほどアルコールに弱いのですが、ご主人にそう言われたことでようやく本物のスタッフとして認めてもらえたようでとても嬉しくて、二つ返事で了承していました。

入口ドアの内鍵をかけ、窓のカーテンを引き、テーブルを挟んで差し向かいになった私とご主人は、瓶ビールをお互いに酌み交わし合いました。

「お疲れさま。いや、トコちゃん、本当によくやってくれて、とても助かってるよ。ありがとうね。ほら、もっと飲んで、飲んで！」

「あ、はい、ありがとうございます……」

とても嬉しそうな顔でそう言いながら、次々とビールを注いでくるご主人を断ることはできませんでした。私は注がれるままに苦手なビールを何杯も飲み下し、どんどん頭は朦朧、カラダはカーッと熱を持ち、なんとも言えないだるさに侵されていったんです。

そこで、ふと気づきました。

あれ、なんでご主人、私の隣りに座ってるの？　さっきまでテーブルを挟んで向かい合わせだったのに……しかも、なんだかやたら体が密着してるし……。

回らない頭で一生懸命考えるのですが、意識はぼやけていく一方です。

いつの間にか、ご主人の太い腕ががっしりと私の肩を抱き、その熱く荒い吐息が耳朶をなぶってくるのを感じました。

「あ、あの……ご主人、な、なにを……？」

私がぼやける意識の中で必死に気を取り直してそう問うと、ご主人は、

「トコちゃん……はぁ、はぁ……本当はうちで働き始めるずっと前から、普通のお客

さんのときから、トコちゃんのこと、いいなあって思ってたんだ。ああ、ようやく想いが叶う……ずっと抱きたくてたまらなかったんだ！」

と、思いもよらないことを言いながら、そのまま私のうなじにむしゃぶりついてきました。そして首筋から鎖骨にかけてをネロネロ、ピチャピチャと舐め回し、同時にエプロン姿の上から胸を揉みまくってきました。

「あああっ、トコちゃんのオッパイ、た、たまらん！　見た目以上に丸くて、おっきくて……ご、極上だぁっ！」

「あっ、ああ、ご、ご主人、だ、だめ、こ、こんなことっ……ひあぁっ！」

私は必死で拒絶の言葉を発しながらも、ご主人が送り込んでくる、うちの細身の夫には望むべくもない男らしい力強さのエネルギーに圧倒され、その野卑で熱いフェロモンに陶然としていくばかりでした。

「はぁ、はぁ……ほら、こんな窮屈なもん、早く脱いじゃおうよ！」

ご主人はそう言いながらエプロンを外し、Tシャツを頭から脱がせ、ブラジャーも剝ぎ取ってしまい……ジーンズに続いて最後にパンティをむしり取ると、私を生まれたままの姿にしてしまいました。そして、息せき切って自分も全裸になると、

「おお、トコちゃんの生おっぱい……んんんっ、んぶ、んちゅうっ……」

と、剝き身の乳房にしゃぶりついてきました。

「あ、ああっ、はぁ……ああん……！」

もはや私の口からは拒絶ではなく、喜悦の喘ぎ声しか発せられません。ご主人は信じられないくらいの執拗さで私の胸を舐め回し、乳首を吸い啜り……優に十分以上はそうやって愛吸され続けた私は、理屈抜きの気持ちよさに悶え喘ぐばかりです。

「ああ、ほら、俺のももうこんなになってきちまった……トコちゃん、その細くてきれいな手でしごいてやってくれないか？」

ご主人はそう言うと、私の手を導き、自分の男性器に触れさせました。硬く大きくいきり立ったそのものすごいことといったら……夫のなんて、これと比べたらまるで幼稚園児のソレです。

私は言われたとおり無我夢中でしごきました。そしてしごけばしごくほど、それは熱く硬く脈打ち、先端から滲み出した粘り気のある液体が私の手を淫靡に濡らしてくるんです。

ああ、私のアソコも疼いてる……これが欲しくて欲しくて、狂ったように淫らな涙を流してる……！

そこで、お互いの欲望の波長が見事にシンクロしたようでした。

ご主人は私の目をひたと見据えると、軽々と体を持ち上げ、椅子に腰かけた自分の股間の上へと下ろし、沈み込ませていきました。ズブ、ズブブ……ヌルッ、ヌプッ……ジュグチュウ……！

私の奥の奥まで深々と刺さったソレが、上下に激しく抜き差しされ、突き上げるような快感が幾度も全身を貫きました。

「あっ、ああ、はあっ……あん、あん、あふう……ああ～～んっ！」

「おお、トコちゃん……いい、とってもいいよおっ！」

そうやって五分ほども激しく交わったあと、私は絶頂に達し、ご主人の熱い放出をドクドクと胎内で受け止めていました。

それはもう、最高のエクスタシー体験でした。

今のところ、ご主人との関係はまだこのときの一度きりですが、もしまた誘われたら、どうにも抗う自信のない自分がいるんです。

■極太の衝撃が私の肉芯をえぐるように押し入り、激しいピストンを繰り出して……

美人の同僚と二人で社長の性の玩具にされた私

投稿者　額田あおい（仮名）／28歳／パート

週四日、一日六時間、地元のパン工場でパート勤めをしています。

夫（三十二歳）は昨年、勤めていた会社を辞めて自分で起業したのですが、前の会社からのつきあいであてにしていた大口の取引先がいきなり倒産してしまい、まだ会社を始めてから半年だというのに、あっけなく連鎖倒産してしまった次第です。

今夫は、知り合いのつてを頼って小さな運送会社に勤めていますが、まだまだ駆け出し扱いで月の手取りはほんの十二万円ほど……これじゃあ倒産で抱えた負債の月々の返済とアパートの家賃を払ったら、三分の一ほどしか残りません。とてもじゃないけど生活していけません。仕方なく、私も働きに出なくてはならなかったのです。

パン工場の仕事はとってもきつく、普通に考えたら八百五十円という時給じゃとてもやってられないところですが、近所で他にこれといった求人もなく、当面は我慢してがんばるしかありません。

そんなある日の仕事上がりのときのことでした。

今までほとんど話したことのない、工場長のFさん（四十一歳）が声をかけてきたんです。

「額田さん、ちょっといいかな？　話があるんだけど」

正直、私はこのFさんが苦手だったので、一瞬躊躇してしまいましたが、なんといっても相手は工場長です。むげにするわけにもいかず、向き合いました。Fさんはなんというか、見た目も雰囲気もヌメヌメ、ジトッとした……まるで爬虫類のような気持ち悪さがあって、かなり生理的にダメだったのです。

でも、その〝話〟を聞いて驚き、私はがぜん前のめりになってしまいました。

「社長がこの前、ここの視察に来たの覚えてるよね？　いや、そのときに額田さんのことを見かけて、大層気に入っちゃったみたいなんだよ。でね、額田さんさえよかったらつきあってほしいんだってさ。つきあうって意味、わかるよね？　ん？　もちろんタダでとは言わない。一晩五万でどうかって」

いきなり売春の斡旋みたいな話で引きつつも、なんといっても一晩つきあっただけで五万円です。工場で働く実に十日分です！　私はぐらぐらと心が揺れ動いてしまいました。

「ね、どうする？　ＯＫするなら早くそう返事しないと、社長あんまり辛抱利かない人だから、他に話が行っちゃうよ？　さあさあ、受ける？　受けない？」

「う、受けますっ！」

私はとうとうそう答えてしまっていました。一晩で五万円というお金は、それだけうちの家計にとって、とんでもなく凄い金額だったのです。

「わかった。じゃあ早速今晩、ここに行ってくれ。社長が待ってるからね。いい？　くれぐれも粗相するんじゃないよ」

Ｆさんが渡してきた紙切れには、市内にあるホテルの名前と部屋番号、そして指定の時間が書かれていました。

「フロントで○×興業の秘書の者ですって言えばわかるようにしておくから」

Ｆさんにそう言われ、いよいよ私は肚を決めました。

(ごめんね、あなた。でもこれもみんな私たちの生活のためだから)

心の中でそう夫に謝りつつ、いったんアパートに戻って身支度を整えた私は、指定された時間に間に合うようにホテルへと向かったのでした。夫はちょうど今日、大阪への長距離便の助手として行っており、めんどくさい説明の必要はありませんでした。

フロントの係の人はすぐに部屋へ通してくれました。最上階にあるスイートで、このホテルで一番いい部屋だと説明してくれました。

そしてドアをノックし、中から鍵が開けられるのを待ちました。

すると思いがけず、私を出迎え、中に招き入れてくれたのは女性でした……しかも、私も知っている工場の同僚のみゆきさん（三十歳）だったのです。

「こんばんは、額田さん。初めてのお勤め、ご苦労様。大丈夫よ、私はもう何度も経験済みだから。何も心配することはないわ。社長は紳士だから。手を抜かないで一生懸命ご奉仕すれば、ちゃーんとそれに報いてくれるから」

かねがね、みゆきさんはこの工場の中でも異彩を放つほどキレイな人だなあとは思っていましたが、案の定、とっくに社長のお眼鏡にかなっていたというわけです。そして今日は、新人の私を交えての３Ｐご奉仕プレイなのだとみゆきさんは説明してくれました。

「安心して。私の指示に従ってれば、なんの問題もないから。ね？」

「……はい、よろしくお願いします」

みゆきさんに浴室に案内され、服を脱いで湯気のけぶる中に入ると、社長（五十九歳）がそのでっぷりと恰幅のイイ体を湯船に沈めて待っていました。

「おお、よくきた。あおいくんだったっけ？　今日はよろしく頼むよ」

社長はそう言うとザバッとお湯から上がり、バスチェアに腰を下ろし、私はみゆきさんに指示されるままに体中をボディソープで泡まみれにし、二人してそこにからみついていきました。

「おお、あおいくん、やっぱり私が見込んだとおり、いいカラダしてるね～」

社長は、自分の腕に沿ってヌルヌルと滑る私の乳房の感触を味わいながら嬉しそうに言い、見る見る股間のモノを大きくさせていきました。私は目を見張ってしまいました。もう還暦近い年齢だというのに、そのイチモツはビンビンに勢いよく反り返り、まだ三十代の夫なんかよりもずっとエネルギーがみなぎっていたからです。それを横目で見ながら体を動かし、社長の体から放たれる好色な熱量を受け止めるうちに、否応もなく昂ぶってしまう自分がいました。

「うん、いいねえ、あおいくんももう乳首ツンツンに尖っちゃってるじゃないか。興奮してるんだね。いいよ、いいよ！　おい、みゆきくん、そろそろベッドに行こうか」

「はい、社長」

みゆきさんは懸命に社長の腕や太腿にからみつけ、うごめかせていた裸体を離すと、シャワーを使って三人皆の泡をきれいに洗い流しました。そしてみゆきさんは社長の濡れた体をバスタオルで拭くと、私と二人、それぞれそくさと各自で拭いたあと、三人で寝室へ向かったのです。

「よし、じゃあ初めてのあおいくんのカラダを味わわせてもらうとするか。みゆきくんはその間、僕のをしゃぶっててくれ」

「はい社長、かしこまりました」

みゆきさんは社長の指示を受けると、寝そべった社長の股間に顔を埋め、フェラチオを始めました。そして私は社長に手招きされるまま、そのお腹の上あたりにまたがって社長の顔に乳房を近寄せました。

「おおっ、たぷんたぷんだ！　ずっしりしていい重みだよ」

社長は本当に嬉しそうにそう言いながら、私の乳房をムニュムニュと揉みしだきつつ、大きめの乳輪を舐め回し、それに反して意外と小粒な乳首を吸いしゃぶってきました。実に年季の入った絶妙の舌遣いです。

「あふ……あ、あん、はぁ……」

「んぐんぐ、ふう……おいひい、おいひいよお……」

私は巧みすぎる社長の口戯に翻弄され、その快感に喘ぐばかりでした。思わずアソコも濡れてきてしまい、滲み溢れ出した愛液がベチャベチャ、ヌチョヌチョと社長のお腹を濡らしていきます。

「あ、はあっ……んふぅ……」

「おおっ、た、たまらん！　ほら、もっと上のほうにずれて、その可愛くていやらしいオマ○コを味わわせておくれ！　さあ、早く！」

私は言われたとおり体をずらし上げていって社長の顔の上にまたがると、その濡れ開いた股間に社長がむさぼりついてきました。

じゅるるる～、じゅぶぶぶ～、んじゅぶ～～～～……！　あられもない音をたてながら肉芯を啜り上げられ、肉ひだをクチャクチャと食みしだかれ、そのあまりの気持ちよさに頭が真っ白になってしまいます。

「あひっ、ひぃ、んはっ……あああん！」

「よし、じゃあそろそろ僕のを突っ込ませてもらおうかな。おい、みゆきくん、フェラはもういいぞ！　ほら、君ら二人並んで尻をこっちに向かって突き出すんだ」

「あ、はあ、社長、あたしももう辛抱たまりません……」

「おお、そうかそうか、みゆきくんはやっぱり可愛いなあ。今からお待ちかねの肉棒をたっぷりとオマ○コにくれてやるからな」

「ああん、社長、はやく～～～～っ！」

私とみゆきさんは言われたとおり、四つん這いになって二人並んでお尻を社長のほうに向かって突き出しました。

　すると次の瞬間、極太の衝撃が私の肉芯をえぐるように押し入り、激しいピストンを繰り出してきました。

「あああっ、はっ、はっ、はぁぁぁあああっ……！」

　思わず喜悦の悲鳴をあげる私。が、二分ほどすると、社長は私から肉棒を抜いて、今度は隣りのみゆきさんに挿入し、ピストンを再開しました。

　そうやって私とみゆきさんは交代、交代でファックされながら、みゆきさんのほうは知りませんが、私は三度、四度とイッてしまったのです。

　そして最後、社長が勢いよく大量のザーメンを、私の腰のあたりに向かって射ち放ったところで、プレイは終了しました。

「う～ん、あおいくん、とってもよかったよ。また次も頼むね」

　社長はそう言って、約束どおり一万円札を五枚、私に寄越しました。

「よかったわね、社長に気に入ってもらえて」

　みゆきさんにもそう言って祝福して（？）もらえて、私の最初のお勤めは終了したのでした。

■ナマ乳を揉まれながらいやらしく乳首を吸い啜られ、それはもう蕩けるような快感が……

夜のウォーキング中の私を見舞った衝撃の快感テロ！

投稿者　宮川明日香（仮名）／33歳／専業主婦

最近、ちょっと太り気味なもので、こりゃちょっとまずいなぁと思って、夜のウォーキングを始めたの。といっても、さすがに一人じゃ夜道は怖いので、これまでは中学生の息子が担当だった飼い犬の夜の散歩をバトンタッチする形で、愛犬ガク（オス三歳・柴犬）とのランデヴー。

その日もいつもどおり、夜九時頃にガクと一緒に家を出た。私は上は長袖Tシャツに下はハーフパンツというういで立ち。

歩き出して十五分過ぎ、だいたいいつものところでガクがおトイレしたのを始末したあと、さらにまたいつものコースを進むと、なんと道路工事中で道が閉鎖されて通れなくなっちゃってた。

うわ、まいったなあ……違う道を迂回すると、時間が十分ほど余計にかかっちゃうし、あと、そのコースはあんまり人気がなくてちょっと怖いんだよなあ……と思って躊躇したけど、かと言って引き返すのもしゃくなので、ええい行っちゃえ！　と、その大きめの公園の中を突っ切るコースを進むことにしたのね。

でもいざ歩き始めると、ああ、街灯も少ないし、周りに全然人家もないし、やっぱりコワいなあ……と、私は早速後悔し始めてた。自然、急ぎ足になり、アレ？　というかんじでガクもそのペース変化に怪訝な顔。

そしてさらに悪いことに、私は急に尿意を催してきちゃったの。いったん、したいと思ったら、もうどうにもガマンできなくなっちゃって、仕方なく公園のトイレを使うことにした。

「ごめんね、ガク、ちょっと待っててね」

私はガクのリードを近くの植込みの柵の杭に引っ掛けると、大急ぎで女子トイレに駆け込んだ。

トイレは照明も明るく、予想してたのよりはきれいだったのでホッとしたけど、それでも不気味なことに変わりはなく、私は個室に入ってそそくさと用を足した。シンと静まり返った中、自分の放尿の音がやけにじょぼじょぼと響き、なんだかとてもいたたまれないかんじ？

そしてようやく人心地がつき、個室を出ようとドアを開けた瞬間のことだったわ。

前に誰かがいて私の行く手を阻むと、そのまま再び個室内に押し戻してきたの！

ええっ！　ちょ、ちょっとちょっと、いったい何⁉

その相手はタンクトップに短パンという完全なジョガー・スタイルで、とても屈強な体つきをした男だった。顔は目出し帽に覆われていてわからない。そして、二人で押しこもった個室トイレの内鍵をかけると、大きな手で私の口をふさぎながらこんなことを言ったの。

「大丈夫、おとなしくしててくれればケガはさせないから。俺、あんたの大ファンなだけだからさ」

はあ？　大ファン？　この人、何言ってんの？

私は驚愕と恐怖で全身をこわばらせながらも、相手の言葉に思わずツッコミを入れてた。さらに相手が言った内容はこうだった。

彼は毎晩のジョギングを日課としており、そのコースはほぼ私と同じ。時間帯に多少のズレはあるけど、時たま見かける私のことを気に入ってしまい、いつか犯るチャンスがあれば……と、目出し帽まで常備して機会を窺っていたのだと。そしてとうとう今日、私が公園のトイレに駆け込むという、絶好のシチュエーションが……！

「ね、頼むよ？　ほら、俺のもうこんなになっちゃってる。あんたのことが好きで好きでたまらなくて……爆発しちゃいそうだよ」

そう言って、ずるっと引き下ろされた短パンの中からは、その言葉どおりにビンビンに勃起したイチモツがブオンッ！　というかんじで勢いよく飛び出し反り返り、そのパンパンに膨張しまくった亀頭を、照明の光の下で赤黒く凶暴にてからせた。そして、狭い個室の中でソレをハーフパンツ越しにグイグイと私の下腹部に押しつけてきて……すると、自分でも驚いたことに、私、なんと反応しちゃってたの！

こんなことってある？

見ず知らずの覆面男にいきなり公園のトイレの中で襲われ、犯されそうになってるっていうのに、濡れて、疼かせちゃってるだなんて……。

信じらんないかもしれないけど、今考えると、自分でもわかる気がするのね。

実はうちのダンナ、ここ最近、オンナができたみたいで全然家に寄り付かなくなっちゃって……この犬の散歩ウォーキングにしたって、ほんとは夜、ダンナが一緒に行ってくれれば、話はもっと簡単だったんだけど、そんな願いも取りつく島がなく……っていう事情があったもので、そういう境遇の中、自分を女として強烈に求めてもらえてるっていう喜びが、私のカラダにこんな反応をもたらしちゃったんじゃないかって……。

「いいか？　俺の気持ちに応えてくれるか？　ＯＫだったら、うなずいてくれ」

彼にそう問われ、私は一瞬の間のあと……こくこくとうなずいてた。

「うおおっ、ありがとう！」

彼はそう言うと、私の口を覆ってた手を外し、代わりに激しく熱い口づけをしてきた。目出し帽に開いた穴越しにきつく唇を吸われ、舌をからめとられ……その情熱的な攻めに、私は頭の芯がジーンと痺れたようになっちゃう。

「は……ふ、ううっ……んふぅ……」

「はぁ、はぁ、はぁ……あぐ、うぐぅ……」

彼も一段と大きく息を荒げながら、長袖Ｔシャツとその下のスポーツブラ越しに激しく胸を揉んできて……ああ、ちょっと痛いけど、その激しさが逆に気持ちいい！

もうガマンできないとばかりに彼は長袖Ｔシャツをたくし上げ、スポーツブラもズルンと上にずらし上げると、ぶるんと大きく揺れながら飛び出した私の乳房にくらいついてきた。じゅぶじゅぶ、じゅるじゅる、じゅぶぶぶっ……と、ナマ乳を揉まれながらいやらしく乳首を吸い啜られ、それはもう蕩けるような快感が私の全身を包み込んでいく……。

「ああん、あ、あっ、はあぁっ……い、いいっ、んはぁ」

「はぁっ、はぁ……ああ、もうだめ、限界だ……入れてもいいかい？」

そう問われ、私はもちろん、望むところだった。うんうんとうなずくと、

「あ、ありがと〜〜〜〜っ！」

彼はそう叫びながらグイと私の下半身の衣類を剝くと、今や先端からたらたらとガマン汁を滴らせている自分の超絶勃起ペニスを、濡れ乱れたマ○コに突き入れてきた。

「あっ、ああっ……ひぃぃぃぃっ〜〜〜〜！」

立位のままガンガンと突っ込まれ、ピストンされ、私はそのあまりの快感にどんどんクライマックスへと追い込まれていったの。そして数分後、大量の放出をぶち込まれながら、あられもないほどの絶頂を迎えてしまったというわけ。

「ああ、とってもよかったよ。俺の想いを遂げさせてくれて、ありがとう」

そう感謝の言葉を口にしながら、彼は走り去っていったわ。

その後、身づくろいを終えてトイレを出ていった私を、ガクがなんともいえない不思議そうな顔をしながら出迎えてくれたのが、なんだかとっても印象的だったな。

■あたしはオッパイを彼の口に押し付けながら、上からワレメでチ○ポを飲み込んで……

弟の可愛い友達のチェリーをお腹いっぱい味わって大満足

投稿者　新里あゆか（仮名）／24歳／販売員

　あたし、年下の男の子が大好物なんだけど、ついこの間もたっぷり楽しい思いしちゃいました。

　その日は仕事が休みの日で、かと言って外は暑いしで、どこかへ出かける気になんかとてもなれず、あたしはエアコンの効いた自分の部屋で音楽を聴きながらスマホをいじくってました。両親は共働きだし、五つ下の大学生の弟もバイトかなんかでいないしで、家にはあたし一人。すっかりくつろぎモードでうだうだしてたんです。

　すると、玄関でチャイムの鳴る音が聞こえました。

　一瞬、めんどくさいのでシカトしようかと思いましたが、そういえば朝お母さんが今日、荷物が届くかもとか言ってたのを思い出し、渋々二階から降りて行ったんです。

　でも、玄関ドアの覗き穴から外を見ると、配送の人じゃありませんでした。

　代わりにそこに立っていたのは、弟と同じくらいの年頃の男の子でした。

しかも、細身で色白で可愛い、と～ってもあたし好みのタイプの！

あたしは思わず玄関ドアを開けちゃってました。で、その彼に聞くと、案の定弟の大学の友達だということで、今日、来週から行く旅行の打ち合わせをするために呼ばれたんだといいます。

「あ、そうなの。じゃあたぶんもうすぐ帰ってくると思うから、ちょっと上がって待っててもらえますか？」

伊藤くんと名乗った彼にそう言うと、靴を脱いで遠慮がちに玄関を上がり、あたしに導かれるまま、奥の応接間へ。

一応、冷たい麦者を出してあげたときのことでした、彼のスマホが鳴って、弟から二時間くらい遅れそうなので家で待ってて、という連絡が入ったんです。

「えっ、二時間も？　ったく、あいつもしょーがないなー」

と、あたしは悪態をつきながらも、内心ちょっとドキドキしていました。

二時間も、この可愛い男の子と二人っきりでいられるなんて……ラッキー！

そう、あたしの中でイケナイ虫が騒ぎだしちゃったんです。

あたしは応接ソファに座って彼と向き合い、さも弟の失礼を申し訳なく思い、代わりにその間、話し相手になってさしあげてる殊勝な姉、みたいなふうを装って振る舞いました。

そして、彼と話してるうちに、さらにとっても素敵な事実に思い当たり、ますますときめいてきちゃいました。さりげなく、ガールフレンドのこととか、恋愛のこととか聞き出してるうちに、なんと彼……、
チェリー（童貞）くんにまちがいない！

と、確信しちゃったんです。これまで見境なく（笑）重ねてきた異性関係はダテじゃありません。こーゆーことに関するあたしの直感は、これまで外れたことがないんです。あたしは心の中で舌なめずりしていました。

この可愛いチェリーくん、ぜったい喰ったる！

「麦茶、もうちょっと飲む？」

あたしは彼のグラスが空になりかかってるのを見つけ、それを口実に行動を開始しました。冷蔵庫から麦茶の容器を持ってくると、今度はさりげなく彼の隣りに腰かけて、グラスに麦茶を注ぎ始めました。

でも、もちろん、わざとこぼします。それも彼の股間の上目がけて。

「あっ、ごめん、ごめん！　あたしったらドジ！　今拭くからね」

「あ、いや……大丈夫です！　こんなのすぐ乾きますから……あっ……」

あたしは彼の抵抗なんかへとも思わず、あらかじめ準備してあった渇いたタオルで、ハーフパンツの上から麦茶で濡れた股間部分をワシワシと拭き始めました。

「……あっ、ほ、ほんとうに大丈夫ですから！　あ……おねえさん……」

そう言う彼の声音が、次第に艶めかしいかんじに湿ってきました。

同時にあたしの手の下で、衣服の中の肉体の一部が硬く膨らんでくるのがありありとわかりました。しかもなんと、それは彼の見た目の可愛さとは裏腹にかなりの巨根で、若々しく勢いのいい反り返り具合とあいまって、あたしの手のひらを突き破らんばかりに暴れまくっています。

（うわぁ、すっごい上物！　こんないけてるチ○ポ、今まであたしがさんざんつきあってきた男たちの中でも、数えるほどしかいなかったかも？）

もう、あたしのエロ・テンションも上がりっぱなし、自然とカラダの芯の部分が熱く疼いてきちゃいます。

「ふふ、きみの、すごいね……ねえ、このままじゃきついんじゃない？　外に出して解放してあげようよ、ね？」

「え、え、え……お、おねえさん……？」

あたしは真っ赤になって上気してる彼の顔を見てニコッと笑うと、ベルトに手をかけて外し、一気にハーフパンツをずり下ろし脱がせていました。

「……あ、ああっ……！」

可愛い喘ぎ声をあげた彼の股間は、ぴっちりしたボクサーショーツを今にも突き破らんばかりにパンパンに張り詰め、すでにもうその先端部分を濡れ滲ませていました。

「はい、じゃあこれも脱いじゃおうね〜っ♪」

あたしは有無を言わせずそれも剝ぎ取り、すると、ビーンッ！　とばかりにすごい勢いでフル勃起した巨根ペニスが振り上がりました。

「うわっ、美味しそ〜っ！　いっただっきま〜す！」

あたしはそれにかぶりつき、いやらしく上目づかいに彼の顔を見やりながら、ジュボジュボ、チュパチュパとわざと大きな音をたてながら吸い、しゃぶり上げてあげました。こうすると、相手がチョー興奮するのも計算済みです。

「あ、は、あぁ……お、おねえさん……そんな、ああ、す、すごすぎる……」

彼の目がとろんと潤み、今やもう完全にあたしのエロテクの術中に落ちたことがわかりました。もちろん、あたしのアソコももうすでに完全臨戦態勢、いつブチこまれてもいいように、ぬかるみまくってます。

あたしは手早く服を脱いで裸になると、彼に向き合う格好で膝の上にまたがり乗りました。そしてオッパイを彼の口に押し付けながら、上からワレメでチ○ポを呑み込んでいったんです。

「ああ、ふ、ふとい……ながい……っ、くる、くる……奥までくるわあっ、あう、子宮に当たるぅ！」

「ああ、おねえさん……おねえさんの中、すっごくあったかいです……僕の、蕩けちゃいそうです……ううっ……」

「だめ、だめよ、まだイッちゃあ！」

あたしは彼の膝の上で激しく腰を振り立て続けながら、その極上の肉感を味わい、自分の肉洞の奥へ奥へと食い締め招き入れました。

「ああ、ああっ、は、はぁうぅ～っ……」

すると、一段と上ずった喘ぎとともに、あたしの中で彼の肉感が一気に極限まで膨張し、爆発寸前なのが感じられました。あたしも豊富な経験に裏付けられた調整能力でそれに呼吸を合わせ、一気にクライマックスの上下動へ……！

「あ、おねえさん、あ、あ、あああっ……」

「んあっ、あっ……イク、イク、イッちゃう～～～～っ！」

次の瞬間、自分の胎内での彼のほとばしるような放出を感じながら、あたしも絶頂に昇り詰め、イキ果てていました。

これだけ満足感の高いチェリー喰いも久しぶりです。

でもこのあと、彼から、

「おねえさん、今度また、僕と会ってもらえませんか?」

と聞かれたとき、あたしはやんわりと断っていました。

とかく男は童貞を捧げた女のことを特別に想いがちだけど、あたしからしてみれば、あくまでこれまでたくさん喰ってきた童貞の中の一人にすぎないわけで……重たいのはいやなのよね〜。

そうやって、なんとなくバツの悪い空気の中、しばらく後、何も知らない弟がやっと帰ってきたというわけです。

とにかく、ごちそうさまでした!

■私は先っぽから透明な液を垂らしている修太の男根をゆ～っくりと喉奥まで咥えて……

同窓会の一夜の戯れのはずが肉欲の罠にはめられた私

投稿者 三林若菜（仮名）／38歳／専業主婦

同窓会会場に着くなり、修太が私を見つけて笑顔で近づき、若菜ぁ久しぶりじゃねぇかぁ、どうしてたんだよぉ？　などと馴れ馴れしく肩に手を回し、二次会いっしょにパスろうぜぇ？　と耳元で囁いたりして、もう酔ってるの？　ちょっと離れてくんない？　と軽く突き飛ばしたりしたんだけど、修太は尚もしつこく言い寄ってきて、ホントにもうそういうのやめてほしい、まさか二十年経った今でもカレシ面してんじゃないでしょうね？　そういうチャラいところ、全然変わってないのね、とため息交じりに思いつつ……。

なのになんで私、今、修太とラブホテルにいるんだろう……？

「俺、先にシャワーしよっか？　それとも若菜が先……ってか、いっしょに入る？」

「やめて、明るい所で見せられる体じゃもうないんだから。私が先に入るわ」

私はそう言って洗面室に入るや否や、バッグからクレンジングシートを取り出し、化粧をぬぐい取る。

布製のポーチには新しいブラジャーとお揃いのパンティ。

準備万端。こうなることは、やっぱり想定内だった。

結婚生活になんの不満もない。

銀行勤務の夫は真面目で仕事一筋、一人息子の優斗（小学五年生）もこれまた真面目で、学校の成績もいつも一番だ。子育てで苦労したことなど一度もないし、夫のおかげで金銭面でも心配事など何一つない。ママ友たちからも羨ましがられている。このご時世にパートにも出ず、日がな一日家で好きなことができるなんて、と。週三日、フィットネスクラブで汗をかき、週イチで趣味のフラワーアレンジメントの習い事。たまにリッチなママ友ランチ、週末は夫と二人、優斗のサッカー部の試合の応援。

そう、優雅で満たされた生活……。

だけど。

だから。

幸せ過ぎて、一度でいいから開けてみたかったパンドラの箱。

二週間前に親友の瑛子から電話があった。

同窓会に行くでしょ？　待ち合わせない？　と。ああ、ごめん、今回はパスろうかなと思って欠席ハガキ出しちゃった、と答えると、ええ～、せっかく修太が来るっていうのに行かなくていいのぉ？　瑛子の言葉に、え、今、なんて？　修太、来るの？　マジで⁉　飲みかけのスムージーにむせ返りそうになった。そう、幹事の明美もビックリしてたわ、今まで一度も顔出さなかった修太から、イの一番に出席するって連絡きたらしいよ。アイツも昔を懐かしがる歳になったのかねぇ……。

そこからの私の行動は早かった。すぐに幹事に、やっぱり出席しますと電話を入れ、デパートにワンピースと靴、それと下着を買いに行き、二日前には美容室に行きカットした。それほどまでして私は元カレの修太に会いたかった。会ってみたかった。

「お待たせ」

「若菜ぁ、お前、相変わらず長風呂だなぁ～」

「髪を乾かしていたのよ」自分の声に甘やかさを感じる。

「んじゃ、俺入ってくるわ、五分で出て、十分後にはベッドでメーキングラブだ」

その言葉通り、修太は五分でシャワーを終え、すっぽんぽんでベッドに潜り込み、いきなり私のバスローブをほどき、乳房を鷲摑みにしてきた。

「ま、待って……灯りを消して……」

「おお、そうだった。俺も支度がある！」

勢いよく飛び起きてリモコンで天井の灯りを消した。薄暗闇の中、バッグからカサコソ音がしている。

（ふふ、ちゃんとコンドーム用意してたなんて、修太も用意周到ね）

知らぬフリして背中を向けると、後ろからすかさず修太がパイ揉みし始めた。

「んんん……ハァハァ……」

「お、相変わらず感度いいな、若菜は……」

揉みほぐしながら中指の腹で乳首の先端をツンツン突く。

「ほほ、勃ってきた、若菜の乳首ィ～～。んじゃちょっと吸わせて」

ガバッと上体を起こすと私の胸に顔を埋め、修太はぺちゃぺちゃと音を立てながら乳首を舐め始めた。

「んんん～～～、イイ……」

「お前、だんなに吸われてないだろ。処女みたいにピンク色じゃねぇか、乳首」

図星だった。

「うん……だんなとは……ハァハァ……もう一年近くヤッてないわ……」

「じゃあその分、今夜は俺がヒィヒィいわせてやるぜ」

乳首を舐めていた舌が徐々におへそのほうに下がっていく。

「んんん～～、くすぐったいぃ～」

「んじゃ、ここはパスな」舌は更に下に向かい、私の卑猥な草むらに進んでいく。

「修太のも、舐めさせてぇ」

「いいぜぇ、若菜はコレが好きだったもんな」

ムクッと上体を起こし、修太はさっそくシックスナインの態勢に入った。

修太の男根は猛り、先っぽから透明な液を垂らしている。すかさずそれを舐めしゃぶり、ゆ～っくりと喉奥まで咥えてやった。

「ふぉ～～～ふぉ～～～」修太がケモノのように哭きながら私の股間に顔を埋める。

私たちはしばらくの間、お互いの性器を舐め合った。

「あん……んん……」「おぅぅおぅ……」喘ぎ声を混ぜ交わしながら。

修太のおチン○ンは亀頭が黒光りしている。体はそれほどでもないのに陰茎全体が日焼けサロンで焦がしたような色をしているのだ、そのくせカリ首のとこだけ妙に赤い。そんでもって修太は、このカリ首をペロペロと強めに舐めてあげると雄たけびをあげて悦ぶのだ。

「はぁう～～、はぁ～～、いいよぉ～～、そこぉ～～」

ああ、懐かしい、あの頃とおんなじ反応。修太もまた昔と同じように私のクリトリスをジュルジュルと音をたてて吸い上げ、肉ひだを舌でまさぐっていく。

「んぁ〜〜〜、いい、そこ感じるぅ〜……修太ぁ〜……」

「若菜のおマ○コのビラビラ、相変わらずイヤらしいな……俺、赤貝食うたんびに若菜を思い出してたぜ」

修太はセックスの最中、ずぅっとしゃべる。だからついつられて私もしゃべる。私と修太にとって性交はまるでハイキングのようなノリなのだ。

「ああ〜、若菜のスケベな穴がもう口を開けて俺のち○ぽを欲しがってるぜぇ〜」

「それじゃあ修太の固い芋虫を早く私のおマ○コに入れてよぉ」

卑猥な会話で気分は更に高揚していく。

ウチの夫は終始黙ってセックスする人だ。でも果てる時だけ、「クハッ、クハッ……イクぞ〜〜〜〜〜〜〜！！！」って言う。淡泊な夫。セックスは月に一度あればいいほう。ああ、それも一年前までの話。真面目で優しくて高給取りだけど唯一の不満が、そこ。セックスレス一年夫婦！

「あぅ〜〜、若菜のマン汁がキン○マの先っぽにまとわりついてるぜぇ〜、ほら、トップントップン音がしてらぁ」

「んん〜〜イイ〜〜！　肉ひだがまくれあがって気持ちイイわぁ〜〜……もっとこす

ってぇ！」

パンパンパンパン、性器同士が激しくぶつかり合う音も懐かしい。

「両足、Vの字に上げてくれよ」

「こう？」

「おおお〜〜、奥まで到達ぅ〜〜〜」

「わたしもいいわぁ……ハァハァ……もっと……突いて……」

「マッハで突くぜ……ハァ……ハァ……ハァ……」

パンパンパンパンパンパンパンパン……！！

「イ、イキそう……ハァハァ……ハァハァ……」

パンパンパンパンパンパンパンパンパン……！！！

「俺もだ……ハァハァ……若菜……出すぜ……」

「うん、出して……ああ、あああああ、イクイク、イク〜〜〜〜〜！」

「若菜ぁ〜〜〜〜！！！」

「修太ぁ、きてぇ〜〜〜〜〜！！！！」

「うぉ〜〜〜〜〜〜〜〜〜〜〜〜〜〜！」

まるでオオカミのように吠えて修太は果てた。私も果てた。

私から上体を離すと、修太はベッド脇に立てかけてあったスマホに手をかけた。

「なによぉ～、終わった途端にＬＩＮＥチェックなんかしてぇ……」

「違うって。まぁ聞いてみろよ」

修太のスマホから突然聞こえてきたのは……、

『ほほ、勃ってきた、若菜の乳首ぃ……んじゃちょっと吸わせて』

「⁉　なに、それ……録音してたの⁉」

「録画な～。でも薄暗くてあんまりよく見えないや」

ニヤニヤしながら修太は続ける。

「これ、お前の夫に見せたらまずいよなぁ？　声バッチリ入ってるし」

コンドームを用意してたんじゃなかったんだ……（結局使わなかったけど）。

私はちょっと怖くなった。まさかそれを本当に夫に見せるつもりじゃ……？

「ま、これをさらされたくなかったら、これからも時々会ってヤラせてくれよ。てか、次からは俺の肉奴隷になるんだぞ」

「えええええーーーーー⁉」

同窓会の夜、一度きりのほんの戯れのはずだったのに…………？

スマホ動画をネタに脅されているなんて……！

二十年という月日は、美しい思い出もすべて醜く変えてしまったのだ。

でも、それはそれでいいかもしれない。

「肉奴隷」

その言葉をつぶやくだけで、私のアソコからもう淫猥な露が流れ出てきた。

否応もなく、今までの何不自由ないけど、刺激のない生ぬるい日々は終わりを告げることになりそうだ。

■彼の腰が彼女のお尻を打ちつける音が、まるでこっちまで聞こえてきそうで……

お向かいカップルのHをオカズにオナニーに耽ったあたし

投稿者　竹本遥（仮名）／25歳／OL

あ～あ、つまんないのお。

今日はせっかくの休みだっていうのに、夫は急な会社からの呼び出しで休日出勤。もう夫婦そろってずっと忙しかったもんだから、ここ二ヶ月、完全なセックスレス状態……だから、今日は朝から晩までずっとハメ狂おうねっていってたのにぃ！

スマホで上司の人と話してた様子だと、かなり帰ってくるのも遅くなりそうだし、もう、すっかりヤル気マンマンで昂ぶりまくってたこのカラダの疼き、いったいどうしてくれるのよおっ！

よ～し、こうなったら、アソコに穴が開いちゃうほど（あ、もうとっくに穴開いてたっけ）、今日はオナニーしまくってやる。あ、でも、オカズ、何にしようかなあ。スマホでエロ動画見ながらっていうのも、なんか窮屈だし、テレビ画面で見ようにも、つなげ方なんてわかんないし……う～ん……。

お？　ちょっと待って。

あの、お向かいのマンションの部屋の窓……うちと同じ六階だけど、カーテンが開いてて、中でなんかやってるのが丸見えで……わっ！

ちょ、ちょっとちょっと、あの二人、素っ裸でエッチしてるぅ！　うわあ、大胆！　誰にも見られっこないって高をくってるのね。こんなにばっちり見られてるっていうのに……ほんと、おバカさん。

それにしても、あの彼、すっごくいいカラダしてる。ムキムキってほどじゃないけど、しなやかそうないい筋肉で……ありゃ絶対、ジム行ってるわね。うちの人はけっこうぽっちゃり系だから、あんな引き締まった体、ほんと、憧れだわ。

それに、彼女のほうもかなりのダイナマイトバディ！　ちょっと何、あの胸！　グラビアアイドル並みの巨乳じゃない？　女のあたしでも惚れ惚れしちゃう。……あ、その巨乳をゆさゆさ揺らしながら、あんな激しくフェラチオしちゃって！　すっごい迫力……あれじゃあ彼のほうもたまんないわよね。ほらほら、見る見るチ○ポ大きくしちゃって……うっわ、勃起するとすっごい巨根！　とんでもない膨張率ね。男のアレって、一見しただけじゃほんとわかんないわ。

う～ん、あたしもなんだかたまんなくなってきた。

乳首がジンジン、むず痒くなって、アソコの奥のほうもズキズキしてきて……ひゃっ、あたしったらとんでもなく濡らしちゃってる！　大洪水じゃん！

よし、服なんか脱いで、あたしも裸になっちゃお！

そしてジンジンしてるこのエロ乳首を……あ、ああん！　き、きもちいいっ！　指先でコリコリいじると、ますます突っ張ってきちゃって。感じるぅ！

これじゃあ、もうマ〇コもいじくんないわけにいかないじゃない……あ、指が、一本、二本……わぁ、ラクラク三本呑み込んじゃった！　ヌルヌルのグチョグチョじゃん、あたしったら！

あ、はあ、んあっ……ゆ、指が止まんない……ひっ、き、きもちよすぎるよおっ！

んあっ、あん、くはっ、はうぅ……！

……て、ちょっと待って！

いつの間にか、向こうもこっちのほう見てる！

彼のほうは気づいてないみたいだけど、あの彼女ったら、フェラチオしながら、あんなすっごい挑戦的な視線をあたしによこして……く、くやしいけど、マジうらやましいよ～～～っ！

あ、彼女がこっち向いて窓枠に手をついて……バックからやろうっていうのね、あたしに思いっきり見せつけようと！　あんなエロい顔であたしのこと睨みつけて。

あ、ほら、彼が勃起ペニスを後ろから彼女に押し当てて……入った！　ああ、あんなに筋肉張り詰めさせて、腰を動かして……うう、どんどん速くなる！　彼の腰が彼女のお尻を打ちつける、パンパンパンって音が、まるでこっちまで聞こえてきそう。

もう、彼女ったら、あんなに激しく胸揺さぶって！

くそぉ、いいなあぁ……あたしもめちゃくちゃハメられたいよお～～～！

んあぁっ、あたしの指の動きも止まんないぃ……ひっ、ひあ、んああっ、あふ、くふぅ、ううう、あああっ……！　やだ……マ〇コからおつゆこぼれすぎて、ソファ汚しちゃってるぅ！

あっ、彼女ったら、あんな蕩けるような目ぇして……イキそうなの？　ねえ、もうイキまくっちゃうの？

ほら、彼のピストンもすごいスピードになって、彼女のこと、壊さんばかりに突きまくってるよお……す、すごい！

あああ、あたしも……あたしもキちゃったみたい……すごい熱くて激しい波が体の奥のほうから押し寄せてくるみたいで……はっ、ほら、きたきた！

はぁっ、あ、あああああああ～～～～っ！

……………ふぅ、イッ、イッちゃったあ……。

あ、彼のほうがなんか吠えた。出したのね？　精液たっぷり、ドクドクと彼女の中に流し込んだのねっ⁉

ほら、彼女の顔見ればわかる。あんな惚けたように表情蕩けさせて……最高に気持ちいいオーガズムを迎えられたんだわ。

あ、彼女ったら、あたしにウインクして……カーテン閉めちゃった。

ふふ、お疲れさまでした。おかげさまであたしも、とってもいいオナニーが楽しめたわ。ありがとうね。

でも、やっぱりこんなんじゃ本当には満足できない。

あたしも生チ○ポ、欲しいよ～～～。

あの人、早く帰ってこないかなあ？

■店長は見かけによらず私のダンナのよりはるかに大きくて立派な勃起ペニスで……

カラオケBOXで店長の巨根を咥え込み腰を振り立てて!

投稿者 菖蒲川真澄(仮名)/30歳/パート

スーパーでレジ打ちのパートをしてます。

ついこの間、暑い日が続くし、皆で『暑気払いカラオケ大会』をやろうってことになって、私を含めた主婦パート四人と店長の計五人で、お店が閉店後の夜八時半頃、近場のカラオケBOXに行ったんです。今日は夫も、転勤していく会社の同僚の送別会があって、完全に帰宅が夜中の二~三時コースなので、私も気楽です。

カラオケルームに通されると、飲み物は店長のおごりということで、皆競ってビールや酎ハイといったアルコール飲料を頼みましたが、私はお酒がだめな口なので、ウーロン茶をもらいました。

飲み物がそろったところで、さあ、カラオケ大会が始まりました。

今どきのヒット曲を歌う人から、アニソンばかりの人、演歌中心の人……と、皆それぞれの趣味嗜好でガンガン歌いまくり、それと同時にお酒もガンガン進んじゃって、あっという間にへべれけ状態になってしまいました。

（みんな、ストレス溜まってるんだな～）

私はそんなことを思いながら、他のパート仲間三人のハメの外しっぷりに気おされながら、ほとんど歌うことなく、一杯のウーロン茶をちびちびと飲んでいました。

と、店長と目が合いました。

店長は今確か四十歳くらいのはずですが、早くも頭が禿げあがり、体形もお腹がぽっこりと出た見事な中年のそれで……未だに独身なのもうなずける、かなり冴えないタイプです。でも人柄は決して悪くないので、私は嫌いなほうではありませんでした。

その店長、私と目が合うと、なんともいえない笑みを浮かべてきました。その、なんていうんだろう？　笑ってはいるんだけど、その目の奥にはなんだか妖しい光があって……獲物を狙う獣のそれのような？

そんなことを思っていると、ハッとあることに気づきました。

え、なんで今、誰も歌ってないの？　さっきまであんなにガンガン歌いまくって盛り上がってたのに？

そう、私の他のパートの皆は、調子に乗って飲みすぎた挙句、酔いつぶれてしまってたんです。皆、口を開けてカーカーと寝ちゃってます。

　そして、そんな状況を見計らっていたかのように、店長がさらにあの笑みを大きくして、私のほうににじり寄ってきたんです。そして言いました。

「菖蒲川さん、やっと二人っきりになれたね。この機をずっと窺ってたんだよ。どうせ皆、タダ飲みできるとなれば、こうなるってことは想定済みだったからね。ほんと、下品で意地汚い連中だ。それに引き換え、菖蒲川さんは上品で奥ゆかしくて……それに、なんといっても、うちの店にはもったいないほどいい女だ」

　ちょ、ちょっとちょっと、ちょっと待って〜〜〜っ！　店長ったら最初っから私狙いで、このカラオケ大会を？　マジですか？

「え、えっと、あの……その、皆、起きちゃいますよ、きっと……」

「大丈夫。僕がなんのためにかいがいしく、店員さんから受け取った飲み物をいちいち皆に配ってたと思うんだ？　一服盛るためさ。皆が簡単には起きないようにね」

　うわ、ちょー計画的犯行！

　私は完全に、店長の私に対する本気度を痛感しました。そして思ったんです。これは下手に拒絶すると、ひどい目にあわされちゃうかも……って。店長、この歳まで独身っていうのも、案外そういう人格的問題が深い原因なんじゃないかしら？　なんだか急に怖くなってきてしまいました。

「ね、菖蒲川さん、仲良くしようよ？　仕事でも、これから何かと便宜を図ってあげるからさ……ね、ね？」

「じ、じゃあ、時給上げてもらえますか？　五十円……いや、百円！」

私はなかば開き直った気持ちで、そう言っていました。すると店長は、

「おうおう、いいよ、いいよお！　時給百円、上げちゃおうじゃないの」

そう言うや否や、がばっと私に覆いかぶさってきたんです。そして私の服をもどかしげに脱がせ始めて……ああっ、オッパイ剝かれちゃったぁ！

「ああ、可愛い乳首ぃ、たまんないよぉ、菖蒲川さぁん……！」

店長は私の胸を揉みしだきながら、チュウチュウと乳首を吸ってきました。

ううん、気持ち悪いけど……なんだろう、この、今にも皆が目を覚ますかもしれないっていうスリリングなかんじが、とってもドキドキして敏感になっちゃうのは？

「は、ああん、あ、ああ……」

「うう、菖蒲川さん、感じてくれてるんだね？　嬉しいなあ……ねえ、ほら見て見て、僕のもこんなにすごいことになっちゃってる」

店長がズボンを下ろして剝き出しにしたソレは、確かにすごいことになってて……見かけによらず私のダンナのよりはるかに大きくて立派な勃起ペニスでした。

「ああ、もう……入れたい！　今すぐ菖蒲川さんのオマ◯コにぶち込みたいっ！」

店長は問答無用で私の中に突き入れてきましたが、実は私のほうもすでにさっきの乳首責めの段階で、下も十分濡らしちゃってて……いとも簡単にソレを呑み込んじゃってたんです。

「ああっ、いい……菖蒲川さんの中、最高に気持ちいいよお！　あうう」

「はっ、ああ……んあっ、はぁっ……！」

その予想外の気持ちよさに、私のほうも腰を振り立ててヨガってしまいました。だって、ダンナのと比べものにならないくらい深くまで届いてくれるんですもの！

「あひっ、ひぃ、あう～～～～～っ……」

「あ、ああ、だめだ……もう出すよ、菖蒲川さんっ……！」

「あ、だめ、外で出して……ぇっ、あ、ひあ……ああっ！」

結局、たっぷりと中で出されてしまいました。まあ、でも私、不妊気味だから、きっと妊娠はしないわよね。

そしてその後すぐに、店長は約束どおり時給を百円上げてくれました。

ごめんね、ダンナ！　でも、とっても気持ちよかったんだ！

■彼はさんざん私の脇の下を味わうと、次にブラを外して乳房にむしゃぶりついて……

万引き見逃しと引き換えに淫らな肉の代償を求められて

投稿者　雪村みぁ（仮名）／27歳／専業主婦

私、ストレスが溜まると、それをいけない方法で発散しちゃうんです。

それは……万引き。

最初は周囲の目を気にしつつ、かなり恐る恐るだったけど、場数を踏むごとに肝っ玉的にも、テクニック的にも慣れていって……これまで都合十回以上はやってると思いますが、見つかったことは一回もなく、私は日増しに自信を深めていったんです。

でも、実はそれが、ある意味『罠』だったことを、この間知らしめられることとなりました。

その日の私は、前日の夜に夫の浮気疑惑で彼とさんざん揉めたこともあって、いつも以上にむしゃくしゃしていました。

これはもう万引きしないとおさまらないわ！

私は意気込んで、足を運んでいる三～四軒のスーパーの中でも（一軒の店ばかりだと目をつけられやすいので、ランダムに行く店を変えてるんです)、一番やりやすく感じる店に向かいました。

そして、いつもどおり辺りを窺いながら、慎重に、自分ながらのテクニックを駆使しつつ、二百九十八円のハム、百九十八円のお菓子、四百円の冷食……と、次々に持参したトートバッグに放り込んでいきました。

結局、千五百円分近くの商品を万引きしたでしょうか。私はそれなりの満足感を得て、もちろんそれらをレジに通すことなく、何食わぬ顔で店外へと出たんです。

あ〜っ、スッキリしたぁ！

私は足取りも軽く、乗ってきた自転車を止めてある駐輪場のほうへと向かいました。

ところが、そのときでした。

いきなり見知らぬ男性に腕を摑まれ、引き留められたのは。えっ、と驚いた私に向かって、その男性は小声で言いました。

「奥さん、そのバッグの中に入った商品、お会計してないよね？」

やられた、ついに見つかった……でも、いつもどおりに十分警戒して、万全の態勢でやったはずなのに……どうして？

「ふふ、いったいなんで？　って顔に書いてあるよ。舐めてもらっちゃ困るなあ。あんたがうちの店で万引きを繰り返してることなんて、こっちはとっくにお見通しだよ」

ええっ！　そ、それってどういうこと？

私の胸中に渦巻く疑念に答えるかのように、その万引き監視員と思われる男性は、私の腕をとって歩きながら、こんなことを言い始めました。

実はこれまで、私の万引き現場を三回視認し、その都度証拠の犯行現場写真を押さえてあること。でも、あえて捕まえず見逃してきたこと。

……じゃあ、それがなぜ、今日になって捕まえたの？

彼は、そんな私の心中を見透かすかのように、さらに続けて言いました。

奥さん、知ってる？　万引きって三回までならそれほど大した罪にならないけど、四回以上になると、問答無用で懲役の実刑になるんだよ。そ、刑務所行きってこと。

私は愕然としました。まさか、そんな明確な罪の線引きがあったなんて……（本当はそんな厳然とした決まりなどないことを後ほど知りましたが、あとの祭りですね）。

そして彼は、こんな話を持ち出してきたんです。

なあ、奥さんが俺のものになってくれるんだったら、訴えないでいてあげるよ。でも、それができないっていうんなら……一瞬、彼の眼が冷たく光りました。

そう、彼はこれまで何度も私の万引き現場を押さえておきながら、より確実に私をものにするべく、四度目の犯行確認まで泳がせていたというわけです。

最初に見たときから、奥さんのこと、抱きたくて仕方なかったんだ……。

私はそのとき、心の中で葛藤しました。この男のいうことを聞いてカラダを好きにさせるか、それとも警察に突き出されて刑務所送りになるか……もちろん、答えは明確でした。夫や、親や、親戚や……多くの人にまで多大な迷惑をかけることになる、後者の選択などあるはずがないのです。私一人がガマンしさえすれば……！

私は彼に従い、そのままホテルへと連れていかれました。

部屋に入り、シャワーを浴びたいと言ったのですが、認めてもらえませんでした。

「奥さんの、ナマの味わいを愉しみたいんだ」

ここに来るまでに夏の日差しで汗だくになった体のまま、私はベッドに放り出されました。そしてそこに彼が、やはり汗とほこりにまみれた体臭をむっとさせながら覆いかぶさってきました。そして、乱暴に着ている服を脱がしてきました。私はブラとパンティだけという格好にされてしまい、彼は私の両手を掴んで上に上げさせると、くんくんと匂いを嗅ぎながら、脇の下を舐め上げてきました。

「あ、やあっ……そんな、汚い……」

「はぁ、はぁ、はぁ……ふふ、臭くて最高にいい香りだ！　ん、んちゅっ、甘酸っぱくて美味しいぜえっ！」

彼は本当に嬉しそうに言いながら、さんざん私の脇の下を味わうと、次にブラを外して乳房にむしゃぶりついてきました。モニュモニュと揉みしだかれ、突き出した乳首を舐められ、吸われ、噛まれて……執拗にそうされ続けているうちに、いやがる心とは裏腹に、カラダはどうしようもなく感じてきてしまいました。

「あっ、はぁ、ああ……んはっ、あう……」

「ほんと、想像してたとおりのいいカラダだぜ。さあ、今度はこっちの鬱蒼としたジャングルを掻き分けさせてもらうぜ……んっ、ふぶっ、んふぅ……う～ん、こっちもメス臭くってサイコー！」

彼はそのまま舌を差し入れ、私の淫靡な肉を舐めあげ、啜り、甘噛みして、否応もなく反応してしまった私は恥ずかしい蜜を溢れさせてしまいます。そして、そのさまを陰湿な笑みを浮かべて見やりながら彼も自分の服を脱ぎ、正真正銘臭い肉棒を舐めるよう強要してきました。

「あぐっ、うぐぅ……えぐっ、おえ、んんぶぅ……！」

私はそのあまりの汗臭さ、えぐみに思わずえずきながら、それでもガマンして一生懸命しゃぶりました。それから私たちはシックスナインの体勢に移行し、お互いをオーラルで責め立て合って……。

そしていよいよ彼がいきり立った肉棒を振りかざし、あられもなく濡れそぼつた私の肉壺に押し込み、貫いてきました。ズンズンとすごいスピードでピストンし、子宮に届けとばかりに奥深くまで掘り込んできて……！

「ああん、あっ、あああぁっ……んあぁぁっ！」

「ふぅ、ふぅ、ふぅ、んんっ、はっ、はっ、はっ……！」

彼は一段と息を荒げさせ、腰の打ち込み具合は極限まで凄みを増して、

「あうう、くぅ……そら、中に出すぜ、奥さん！　熱いのたっぷりとなっ！」

「あひっ！　ひぃ……くあぁ、あ、あああああああっ！」

胎内で熱いほとばしりが弾け、同時に私もイキ果てていました。

その後、彼は、

「とってもよかったぜ、奥さん。約束どおり、万引きの件は見逃してやるよ。でも、またやりたくなったら、相手してくれよな」

と言いましたが、今のところその要求はありません。実はちょっと、内心それを待ちかねている私がいたりするんです。

第三章

淫らなあやまちに悶えて

■リカさんの指が太腿の奥に滑り込み、私の熱くぬかるんだ部分に触れてきて……

女だけの温泉旅行で三つ巴の淫靡な快楽に溺れて

投稿者 木島あやめ（仮名）／31歳／専業主婦

駅ビル内にあるカルチャーセンターの手芸教室、そこで知り合った仲良し三人組で温泉旅行に行ったときのこと。

メンバーは専業主婦の私の他は、パート主婦の京子さん（三十六歳）と独身ＯＬのリカさん（二十九歳）という顔ぶれで、好きな手芸を通して意気投合した私たちは、知り合ってまだ二ヶ月ちょっとだというのに、リーダー格の京子さんの音頭取りで一泊二日の旅程を組んだのだ。

実は結婚前は旅行代理店に勤めていたという京子さんの段取りは素早く的確で、あっという間にリーズナブルな予算で話をまとめてもらえて、私もリカさんも大満足だった。女子好きするおしゃれな宿に美味しい料理……最高じゃん！　というかんじ。たらふく食べた満腹感も、アルコールの酔いもだんだん落ち着いてきて、夜の十一時頃に私たち三人は今日二度目の温泉に浸かろうと浴場へ向かった。夕方、宿にチェックインしてすぐに最初の入浴をしていたのだ。

まだ夏休みシーズンが本格化する前の時期とあって、宿全体のお客さんの数は少なく、脱衣所で裸になった私たちが湯気の中をくぐると、他にいたお客さんは一人だけだった。

「ふふっ、広々として、他のお客さんに気兼ねしなくてよくて、いいわね〜！」

「やだ、そんなこと言って中で泳いだりしないでくださいよねー」

京子さんの言葉を、そう言ってリカさんがちゃかし、私たちは年甲斐もなくキャイキャイ言いながら、浴びせ湯をしたあと、湯船に体を沈み込ませていった。

「あ〜っ、いい気持ち〜っ！」

「ほんと、サイコーね〜っ」

「来てよかったですね〜」

そんなことを言い合いながら、入浴を楽しんでいた私たちだったが、いきなり京子さんが妙なことを言い始めた。

「ねえ、あやめさん、女同士でエッチしたことってある？」

「……は、はあっ？」

あまりに唐突かつ意外な言葉に、私は一瞬思考停止、まともに返事もできなかったのだが、さらに追い打ちをかけるように驚かされたのは、リカさんの言葉だった。

「ああ、あたし、ありますよ！　あたしってば、ちょっとバイ気味なんですよね～」

ええっ、リカさん、バイセクシャルってこと⁉

「ああ、そうなの？　へ～っ、意外とやるわね。私はもちろん経験済みだから、じゃあノーマルなのは、あやめさんだけってことかあ」

「ふ～ん、あたしとしては、今どき珍しいなあってかんじ？　最近の子って、気に入れば、男でも女でもやっちゃうでしょお？」

リカさん……そ、そうなの～っ⁉　男しか知らない女の、私のほうが珍しいって？

動揺する私の様子をまるで楽しむかのように、京子さんとリカさんが目と目で妖しくアイコンを交わすのがわかった。

あ、この人たち、いったい何をしようって……？

と、いぶかしんだ私の疑念を裏付けるかのように、二人はよからぬ行動を開始した。

湯船の下のお湯の中、私を真ん中に挟んで両隣りに位置どった京子さんとリカさんは、左右から体を密着させてくると、手を伸ばして私の裸体をまさぐってきたのだ。

ちょ、ちょっと……他にも人がいるっていうのに、この人たち何やって……⁉

慌ててさっきの一人入浴客のほうを見やると、洗い場の洗面台に向かって体を洗っているところで、こちらには背を向けていた。

ああ、よかった……って、全然よくないわよ！

「ちょ……やめてください！　こんなの私……」

精いっぱい声を抑えてそう言って抗おうとするのだが、二人はものともしなかった。

「大丈夫だって。悪いようにはしないから」

「そうですよ。私たちに任せてくれれば、と～っても気持ちよくしてあげますから」

京子さんとリカさんは口々にそう言いながら、私をまさぐる手に熱を込めてきた。

京子さんの両手が私の左右の乳房をゆったり、でも力強く揉み、こね回して、時折、機を見はからかったかのように敏感な乳首を摘まみ、ぎゅ～っと引っ張ってくる。

「きゃうん……っ！」

「しい～～っ！」

思わず裏返った声を出してしまった私をリカさんがそう言っていさめ、そうしながら腰やおへそのあたりを撫で回して、精いっぱいきつく閉じた太腿の間を割って、指先をこじ入れてこようとする。

「あ、だめだったら……あ、あん……」

私、そうは言いながらも、もう京子さんからのオッパイ攻撃で全身の性感はゆるみっぱなし……自分の意思で体に力を入れることが難しくなってきて、だんだん太腿が開いていってしまう。

そしてとうとう、ヌルンッとリカさんの指が太腿の奥に滑り込み、私の熱くぬかるんだ部分に触れてきてしまった。

「あらやだ、あやめさんったら、もうこんなにヌルヌルにしちゃってるじゃないですか？　やっぱり感じてるんですね？　ほら、なんだかんだ言って、あやめさんだって気持ちよければ、男だって女だって、どっちだっていいんじゃないですかあ」

そう言って、淫靡になじってくるリカさんに対して、

「ち、ちが……う……私はそんなんじゃ……」

そう言うのが精いっぱいだった。

でも、負け惜しみも結局はそこまで。

勢いを増して左右から襲いかかってくる、京子さんとリカさんのダブル快感の波状攻撃に、私は呑み込まれ、巻き込まれ……、

「あっ……ひ、ひうぅ……！」

思わず一瞬、悶絶の悲鳴をあげてしまい、同時にあのもう一人の入浴客がこちらに怪訝な視線を向けた気がした。

その場のほとぼりが冷めるまで、京子さんもリカさんも鳴りを潜めたが、少し落ち着いたあと、また私に声をかけてきた。

「ほうら、イッちゃった。ね、気持ちよかったでしょ？　女だってまんざらじゃないでしょ？」

京子さんにそう問われ、私は否定する言葉を持たなかった。

そして、

「さあ、部屋に戻って、もっと気持ちいいこといっぱいしましょ？　いろんないけないこと、た～っぷり教えてあげるから……ね？」

「うふふ、リカもがんばりま～す！」

二人にそう言われ、私はその言葉どおりに、さらに濃厚で過激な女同士の快感をこれでもかと味わわされたのだった。

ほら、今思い出しても、知らないうちに股間に手が……ああ。

■彼らは各自の昂ぶった股間をスーツのズボン越しに、ゴリゴリと押し付けてきて……

田舎育ちの私が生まれて初めて味わった衝撃の痴漢快感

投稿者 山内美憂（仮名）／26歳／OL

私、北関東のG県に住む主婦兼OLです。

この地元で生まれ育ってから、小・中・高・短大まで全部この界隈で済ませ、昔からのつきあいの幼なじみの男性と結婚、しかも今勤めている会社も自宅から徒歩十分ほどという近場なもので、二十六年間の人生でG県から出た時間はほんの数えるほど。旅行とか、遠方に住む親戚の冠婚葬祭関連とか……全部合わせても、マジ、月にして一ヶ月もないいんじゃないかしら。言い方を変えれば、ほとんど勝手知ったる地元でのほほんと暮らし、外の荒波を知らなかったということですね。

なもので、つい先日、仕事の用事で東京へ行き、生まれて初めて朝の通勤列車に乗ったときの体験は、あまりに衝撃的でした。

こんなに気持ちのいいものだったなんて……って！

その用事は朝早くの八時からあったもので、私は前日の夜に前のりする形で上京、ビジネスホテルに泊まり、朝六時半にチェックアウトして取引先の会社のある目的地に向かって電車に乗りました。七時ちょっと過ぎくらいの快速でした。各駅停車で行くとたっぷり四十五分はかかってしまうところ、この快速なら通過駅も多く三十分ちょっとで着くということで、かなり混雑することを承知で乗り込んだんです。が、そのラッシュぶりは想像を絶するものでした。田舎暮らしの私が甘くて申し訳ありませんでした～と、思わず涙目になって神様に向かい謝ってしまうほど。

電車がホームに到着しドアが開くや否や（降車する乗客はほとんどいませんでした）、行列の先頭に立っていた私は、背後から押してくる怒涛の人波に呑み込まれるようなかんじで、車両の奥へ奥へと連れ去られてしまいました。そして気がついたときには、連結部分のドアにギュウギュウに押し付けられ、身動きできない格好にされてしまっていたんです。

（え～っ、たしかここから五つの駅を通過するから、二十分はこのままガマンしなきゃいけないってこと？　マジ苦しいんですけど……）

私は前方を大柄なスーツのサラリーマンたち二～三人に立ちはだかられる格好で、一五四センチという小柄な身長とあって完全に周囲に対する視線を遮断されつつ、その息苦しさに喘ぐしかありませんでした。もちろん、スマホを覗く余裕なんてとてもありません。

（うう、ガマン、ガマン……あと二十分すれば、それなりに楽になるはず……）

私はそう念じながら、次のまあまあ大きな駅に着くことを心待ちにするばかり……と、そのときでした。

密着して前方に立つ三人のサラリーマンの、計六本の腕が私の体に向かって襲いかかってきたのは！

（えっ……ええっ⁉　ちょ、ちょっと……こ、これって……まさか、痴漢？）

最初に書いたとおり、ほぼ生まれて初めて満員電車に乗る私にとって、当然それは初めての体験でした。

（ええっ、ど、どうしよう、どうしよう……こ、こんなの……やめてくださいとか、とてもじゃないけど声に出して言えないよおっ……）

頭の中は恐怖と衝撃で、もう完全なパニック状態。

カラダ中を撫で回してくる六本の腕の、なすがままになるしかありませんでした。

着ていたジャケットのボタンが外され、その下のブラウスのボタンも一つ、一つ……前がはだけられ、薄紫色のブラジャーが覗いてしまいます。

「へえ、エッチな色のブラ、着けてるじゃん……」

私より完全に頭一つ分背の高い、顔の見えない相手がそう囁き、
「ああ、おとなしそうな顔して、けっこうスケベなんじゃないの？」
と、もう一人の相手がイジワルげに相槌を打ってきました。
そして、その二人の手がブラにかかって、くいくいとずらし動かすようにして……
ぽくっとカップがたくし上がり、ナマおっぱいが覗いてしまいました。
「ああ、けっこう乳首こげ茶色……やっぱ相当遊んでるんじゃない？　ん？」
ますますイジワルな声音が囁き、羞恥心でさらに全身が熱くなってしまっていると
ころに、左右の乳首へのはずかしめが始まりました。
コリコリ、クニクニ、キューッと、摘ままれ、こねられ、引っ張られて……すると、
いったいどういうことでしょう？　なんだか、いつも夫にしてもらってるのなんか目
じゃないほど、気持ちよく感じてしまったんです！
「お、おおっ？　なんだ、あっという間にビンビンに乳首立ってきちまったじゃない
か……すげえな、このスケベ女……」
（……スケベ女……！）
その一言が、ますます私の変なスイッチを押してしまったみたいで、全身を痺れる
ようなゾクゾク感が覆っていきます。

「へえ、うっとりした、いい顔してるじゃないの……ほんとはもっとスゴイことしてほしいんじゃないの?」

乳首をいじっているうちの一人がそう言って、三人目の私の腰からお尻にかけてを撫で回している相手に顎をしゃくるようにすると、その人は、了解というかんじで応え、次なる行動に出てきました。

なんと、私のスカートのサイドのジッパーを下ろし、その開いた隙間から手を滑り込ませて股間に触れてきたんです。もちろん、まだストッキングとパンティという障壁はありますが、そんなもの知るかというかんじでグイグイとワレメのあたりを押し込んでくる指はとても力強くて……その刺激に反応して、私は自分が濡れてきてしまっていることを実感しました。

そう、それは聞こえるはずもないのに、クチュ、クチュという淫らなシズル音が周囲に響き渡ってしまっているんじゃないかと思うくらい、熱く、潤沢に……。

「は、はぁ……あ……」

とうとうこらえきれず、喘ぎ声をこぼしてしまいました。

もう本当に、気持ちよすぎて……。

「ふふ、いい声で啼くなあ……でも、そのくらいで抑えて、ね。さすがに周りに聞こえちゃうとマズイから」

中の一人がそう言い、他の二人に何か目くばせすると、彼らが次に繰り出してきた行為は……それぞれに私のカラダを愛撫しつつ、各自の昂ぶった股間をスーツのズボン越しに、ゴリゴリと押し付けてきたんです。

私は太腿を、お尻を、そしてアソコを、いきりまくった男根の熱く硬いこわばりでいじくり回され、たとえ衣服越しといえども、その強烈な欲望のたぎりに圧倒されるかのように、さらに感じまくってしまいました。

そして、

（あ、ああ、も、もうイキそう……っ！）

そう思った次の瞬間、なんと電車が駅に着いてしまったんです。

三人の痴漢はここが降車駅だったらしく、残念そうな様子で去っていきました。

まさにナマ殺しの格好で置き去りにされてしまった私……その日は帰宅後、夫とのセックスに対していつにも増して強烈な欲求をぶつけましたが、正直、朝の痴漢体験の刺激と快感には、遠く及ばないものだったのは言うまでもありません。

あ〜っ……いつかもう一回味わいたいものですね。

■私は兄のお尻を両脚で挟み込むようにしてきつく自らに押し付け、腰を迫り上げて……■

最愛の兄と熱く交わり合った真夏の日の禁断の思い出

投稿者 田中亜由子（仮名）／28歳／パート

それはもう十二年前の夏のこと。

私の人生最大のあやまちについてお話ししたいと思います。

当時、私は高校一年生。どちらかというとスポーツは苦手なほうで、読書好きということもあって文芸部に所属していました。

でも、そんな地味な私のことを好きだという男子が意外と多くて、高校に入ってからの四ヶ月ほどで三人から告白されたほどです。同じ部の友達にいわせれば、

「亜由子って、確かに性格はおとなしくて雰囲気も地味だけど、何ていうのかな、ある意味、すごいモテ系だと思うのよね。だって、眼鏡かけてるからちょっと見は目立たないけどけっこう美少女だし、そのくせ胸はおおきくて……いわゆる『巨乳ロリ』ってやつ？　そーゆーの好きな男子からしたらたまんないよね」

ですって。

「えーっ、そんなことないって、私なんか……」

私は本気で自分のことといけてないって思ってましたし、あと、ある密かな想いを胸の奥に抱えていたので、学校の男子生徒からいくら告白されようが、まったく心を動かされるようなことはありませんでした。

それは、三つ上の兄・航平のことが本気で好きで、兄の存在以外、眼中になかったということ。

兄は当時、某有名国立大学の一年生でしたが、昔から頭がよくてスポーツも万能で、幼い頃から私にとって憧れの存在でした。それが、自分が思春期を迎え曲がりなりにも女としての自我を意識するようになった頃から、単なる憧れを超えて、何ていうか……兄のことを考えると、胸がキューッとして、あと、なんだか体の芯のところが熱く疼くような感覚を覚えるようになっていたんです。

もちろん、その感覚を好きな異性に対して抱く性欲だと認識するには、まだ私の精神は幼すぎて、ただひたすら悶々とするとまどいを持て余すばかりでした。

そんなある日のことでした。

八月に入ったばかりの夏休み真っ最中の昼下がり、私は学校での合同詩集づくりの部活動を終えて帰宅しました。例によって両親は共働き、兄はバイトで家には誰もおらず、私はとり急ぎ汗だく状態をなんとかしようと、制服を脱ぎ捨ててバスルームに飛び込みました。

ちょっと温めにしたお湯を頭から浴びて全身を濡らしたところで、ボディシャンプーを手にとり、全身にかけて泡立てていきました。そうしてふと、

(ああ、お兄ちゃん、今なにしてるのかなあ)

と、何気なく思ったときでした。

兄の顔を脳裏に想い浮かべた瞬間、なんだかえも言われずせつない気分に襲われ、同時に息苦しくなり、熱く火照るような感覚に見舞われたんです。それは、私の体の奥底のほうでボッと燃え上がり、またたく間に全身に拡がっていきました。

途端に両腿の付け根の間がズキズキと甘く疼き、乳首の先端が痛いほど張ってきてしまいました。この感覚は、兄のことを思うたびに体に訪れるおなじみのものだったのですが、その日は特別でした。いつもなら何もしなくても、少しすれば自然と治まっていくのが、逆にエスカレートしていくばかりで……私はたまらなくなり、とうとう自分の手で自らに触れていました。

すでに九十センチ近くある胸の、その先端、硬く尖っている乳首を右手で摘まみ、こね回しました。左手は下のほう、まだヘアーもまばらな性器の上部、ちょっと大き

目な気がして自分ではあまり好きじゃないクリトリスを中心に、押し込みつつ撫で回していきます。そうすると、罪悪感を覚えるほどの快感を覚え、自分でもたじろいでしまいました。

（ああ、お兄ちゃん、ごめん……私、お兄ちゃんのこと考えながら、こんな悪いことしちゃってる。でも、だめなの、こうしないと、自分が変になっちゃいそうなの）

「あっ、あ、はぁ……あう……」

羞恥と快感がないまぜになった、沸騰するような恍惚感に覆われながら、止めようもない喘ぎ声を発しつつ両手の動きを激しくしていった、そのときでした。

ガチャッという開閉音と共に、すりガラスのスライドドアがいきなり開いたのは。

「！　……えっ⁉」

心臓が止まるかと思うほど驚愕した私の目に飛び込んできたのは、なんと兄の姿でした。しかも、服を脱いだ全裸の格好で。

私は何が起こったのか理解できず、頭の中が真っ白になりつつも、とっさに両手で泡まみれの体を覆い隠そうとしました。

でもそれも、兄の力強い手で押しとどめられてしまいました。

私は兄に両手を摑み広げられ、バスルームの壁にはりつけにされるような格好にされてしまったのです。

「亜由子……」

そして兄はそう言うと、体を密着させながら、私にキスしてきました。

もう、何がなんだかわかりません。

私の中で、兄は真面目で心やさしく、完全無欠の存在……なのに、いきなりこんなことするなんて……!?　いったい何が起こってるの？

でも、私のそんな混乱と動揺など知ったことかとばかりに、兄はその淫らな好意をエスカレートさせてきました。

濃厚に舌をからめ、溢れこぼれてくる唾液を啜り上げるように唇をむさぼりながら、スポーツで鍛え引き締まったしなやかな肉体をうごめかせ、私の体にからみつけてきます。ニチュ、ヌチャ、ニュルル、ヌルリ……私の丸い乳房が泡立ちながら押しひしゃげられ、つぶされ、こね回され……その、生まれて初めて味わう怖くなってしまうような甘美な快感の波に体を揺らされているうちに、いつしか私の中からさっきまであった抵抗感や恐怖感のようなものが消え去っていきました。

そして、代わりに襲ってきたのは、大好きな兄ととうとう一線を越えたのだという天にも昇る高揚感でした。

ああ、もう、兄妹とか肉親とか、どうでもいい！　お兄ちゃん、だいすき、だいすき、だいすき〜〜〜〜〜〜っ！

そんな魂の叫びが聞こえたのでしょうか？

兄は一瞬、行為を止めると私の眼をじっと見つめてきて、やさしく微笑みました。そして、こう言ったんです。

「亜由子、正直に答えてくれ。最後までいってもいいかな？　いやならそう言ってくれればいいから」

私は躊躇なく即答していました。

「うん、いいよ。　最後までやって、お兄ちゃん！」

「ありがとう」

兄は再びそう微笑むと、シャワーのお湯を出してお互いの泡をきれいに洗い流し、バスルームを出て双方の体を拭き、私を自室へと連れていってくれました。

私は兄のベッドに横たえられ、覆いかぶさってきた兄に再びキスされ、そこから胸を、性器をたっぷりと舐められ、可愛がってもらい、ますます身も心も昂ぶっていってしまいました。

兄の股間の男性器も同じく、お腹に付かんばかりに硬く大きく反り返っています。

その姿を実際に目にするのは、お互いにまだ小さな幼少期の頃以来ですが、たとえどれだけ変わり果てたものになっていても、不思議と嫌悪感はなく、逆に自分のことをここまで求めてくれているんだという、言いようのない喜びしかありませんでした。

「ああ、亜由子……もう十分濡れてきたみたいだよ。いいね、入れるよ？」

「うん……いいよ、きて、お兄ちゃん！」

私はそう答え、兄はコンドームを装着した男性器を最初はゆっくり、そして私の様子を窺いつつ、次第に早く、そして奥深くへと突き入れてきました。もちろん処女だった私、それなりに痛く、泣き叫びそうになりましたが、兄が気を遣いながら続けてくれたこともあって、だんだん快感を覚えられるようになってきました。

「あん、あ、ああ、はっ……お兄ちゃん……」

「うう、亜由子、亜由子、亜由子……っ」

最後には私もとても気持ちよくなり、無意識に兄のお尻を両脚で挟み込むようにしてきつく自らに押し付け、大きく腰を迫り上げていました。

そして、

「ああ、あっ、あ……ど、どうしよう、お兄ちゃん……な、なんだかすごいのがきそう……はぁっ、死ぬ、死んじゃいそうだよぉっ！」

「亜由子、大丈夫だっ……はっ、はっ……お兄ちゃんに任せて！　ほら、いくよ、ほら、ほらっ！」

「あ、ああ、ああ〜〜〜〜〜〜〜〜〜〜〜〜〜〜〜〜〜〜〜〜んっ！」

私は、処女喪失と共に生まれて初めてのオーガズムに達し、兄はコンドーム越しとはいえ、妹の私の中に大量の精を放ったのでした。

あとで話を聞くと、実は兄も前々から私のことが好きで、ずっと一生懸命その想いを抑えつけてきたものの、今日のバスルームでの私の痴態を洩れ聞いてしまった瞬間、そんなタガが外れ飛んでしまったのだといいます。

兄と交わったのは、このときの一回限りで、今はお互いに家族を持つ身。

まちがいなく私の人生で最大のあやまちでありながら、同時に最高の悦びの思い出となった一日。

一生忘れることはないでしょう。

■激しくも一定のリズムで抜き差しされるその快感が、私を貫き、揺さぶって……

真夜中の居酒屋店内で馴染みの男性客に熱く陵辱されて

投稿者 藤岡まり子（仮名）／30歳／自営業

四つ年上の夫と二人、小さな居酒屋を営んでいます。

元々、夫がアルバイトを使いながら一人で営んでいたところに、当時ＯＬだった私がお客として通ううちに親しくなり、そして今は夫婦二人三脚でがんばっているという次第です。

なので、当然今の常連客の中には、私が独身時代から客同士の知り合いとして親しくしていた人が何人かいて、近所の商社に勤める松森さん（三十二歳）もそんな中の一人でした。実は松森さんは、当時からけっこう私に対して好意を示していて、でもまあ私はもうすでに夫のことを好きになってしまっていたので、やんわりとお断りしていたのですが……まさか今でも私に未練たらたらだったなんて、夢にも思いませんでした。

その事件が起こったのは二ヶ月前のこと。

夜の十時半すぎで、十一時の閉店まであともう間もなくという頃合いでした。お店にいたお客さんは松森さんだけで、「それじゃあぼちぼち……」と、彼が腰を上げかけたちょうどそのとき、カウンターの中にいた夫が「痛っ！」と叫んで、右手で左手を押さえ込んだんです。驚いて見ると、左手からドクドクと血が流れ出していました。夫は明日の料理の仕込みにかかっていて、包丁を使っていたのですが、誤って自分で自分の手を切ってしまったんです。その傷はかなり深そうで、一目ですぐに病院に行かなければならないレベルであることがわかりました。

私はすごく動揺しておろおろしてしまったのですが、そこでてきぱきとあれこれ場を仕切ってくれたのが松森さんでした。すぐに救急車を呼ぶと、私の代わりに病院まで同乗してくれて、真夜中だというのに夫の治療に付き添い……結局、五針を縫う手術を受けた夫は念のため入院しなければならないことになり、松森さんが一人お店に戻ってきたのは、もう夜中の三時近くでした。

「本当にありがとうございました。私ったらほんと、うろたえるばっかりで……もしも松森さんがいてくれなかったらと思うと……」

「いや、そんなたいしたことじゃないって」

私の心からの感謝の言葉に、彼は照れ笑いを浮かべながらそう応えてくれましたが、あの間の恐怖と不安の思いがフラッシュバックした私は、自分でも抑えようもないほどガタガタと震えだしてしまったんです。

「あ、ああ……ご、ごめんなさい、な、なんだかまだ、すごく怖くって……！」

「だ、大丈夫、まりちゃん？」

そんな私を松森さんは心配そうに見つつ、震えを抑えるように肩に手を回してきました。そして、

「うん、ほんと、もう心配しなくてもいいから、ね？　大丈夫、大丈夫……」

そう言って、やさしく私の肩から背中にかけてを撫でさすってくれていたのですが、ふと、その手の動きが止まりました。

ん？　と私が彼の顔を見ようと目を向けた瞬間でした。

「ま、まりちゃん……っ！」

松森さんはそう口走ると、いきなり私の唇にキスしてきたんです。同時にすごい力で体を抱きすくめられ、身動きすることができませんでした。

「んっ、んぐ、んふっ……う、ふぅ……」

そのキスは激しさを増す一方で、私の顔全体を喰い尽くさんばかりに荒々しくむさぼり、太く長い舌を口内に這い込ませてくると、でろでろと口蓋中を舐め回し、から

め取った私の舌をじゅるじゅると吸い搾ってきました。

「んはっ、あぐぅ、くぅ……んぐぅ、ぐふっ……」

あとからあとから双方の唾液が溢れ出し、ぐじゅぐじゅに混じり合って口からこぼれると、顎から滴り落ちて喉元をてらてらと濡らしていきます。そして同時に、私の肩に回された松森さんの手が大きく前方に伸びてきて、衣服とエプロンの上から胸をわしわしと揉みしだいて……。

「んあっ、っあぁ……はっ、はぁ、あぁぁ……」

そうやってキスと愛撫から、やぶからぼうな刺激をこれでもかと注ぎ込まれているうちに、私の意識は朦朧として、何も考えられなくなってしまいました。

と、松森さんがプハッと唇を離して一瞬大きく息を吸うと、

「まりちゃん、いきなりこんなことしちゃってごめんね……でも、ああやって震えてるまりちゃんを見てたら、もうどうにも自分を抑えられなくなっちゃって。ああ、大好きなまりちゃんをこの手で慰めてあげたいって思って……」

などと言い、さらに今度は私の服を脱がしてきたんです。

そうされながら私は、ああ、もうどうなったっていいや……というなげやりな気持ちになってしまい、ただ素直に彼にされるがままに身を任せるばかりでした。頭の片

隅のほうでぼんやりと、ああ、松森さんったらまだ私のことが好きだったんだなあ、と考えながら。

そして彼は、私を椅子から立たせると、すでに片付けてあるテーブルの上へと押し倒してきました。その時点で私はすでに上半身を裸に剝かれていたのですが、続いてジーンズとパンティを脱がされて、とうとう素っ裸の姿になってしまいました。

「ああ、夢にまで見たまりちゃんのカラダ、想像以上だよ。透き通るように色白で、オッパイもきれいな形で……それに、アソコの毛も控えめで可愛くて……」

松森さんはらんらんと目を輝かせ、うわごとのようにそんなことを言いながら、自分もスーツを脱ぎ、とうとう全裸になってしまいました。

すると、テーブルの上に横たえられた私の、ちょうど顔の高さに彼の股間が位置し、そのお腹につかんばかりの勢いで反り返りいきり立った勃起ペニスが、いやでもごく至近で目に飛び込んできました。

「はぁ、はぁ、はぁ……まりちゃん、おねがい、舐めて……」

彼はそう言うと、横に立ったまま私の口にペニスを咥えさせ、フェラチオを求めてきました。そして私は、それに何の抵抗も覚えることなく従い、夢中でしゃぶっていたんです。

「んぐっ、んん、ふぐっ……じゅぷっ、んじゅっ……」

「ああ、いい、まりちゃん、すごくいいよお……だいすきなまりちゃんに舐めてもらってるなんて、もう夢のようだよぉ……」

彼はうっとりとそう言いながら、手を伸ばして私のアソコに指を差し入れてきました。そして、濡れた肉ひだをヌチュヌチュと掻き回し、わななく肉洞内で前後に抜き差しし、ぷっくりと腫れたクリちゃんをこね回して……たまらない快感が全身に染み渡っていきます。

「んんんっ、んぐ、んふぅぅ……んっ、んっ、んぅふぅ……」

必死で彼のをしゃぶりながらも、たまらず喜悦の呻きをあげてしまいます。

「ああ、まりちゃんのココもう、ドロドロのグチャグチャだ……入れてほしくてたまらなくなってるんだね？　え？」

私はそう問われ、思わずコクコクと頷いていました。

そうよ、入れてほしいわ。この頬張り切れないほど立派なオチン〇ンを、私のオマ〇コの奥深くまで……！

完全に淫乱モードに突入してしまった私は、彼のペニスを口から放すと、その手を引っ張って自分の上に引き上げました。そしてペニスを摑んで、グイッと自分の中へと導き入れたんです。

ぬぷ……大きく張った亀頭が入口を通過したあとは、ずぶずぶとペニス全体が奥へ奥へと侵入してきて、そこから前後に激しくピストンを開始しました。

ぬちゅ、ずる、ぬちゅ、ずる、ぬちゅ、ずる……押して、引いて、押して、引いて、押して、引いて……激しくも一定のリズムで抜き差しされるその快感が、私を貫き、揺さぶり、覆いつくして……。

「ああっ、はぁ……も、もうだめ、イ、イクゥッ！」

「くううっ、ま、まりちゃん、まりちゃん……っ！」

私たちは果て、しばらくテーブルの上でぐったりとしてしまいました。

おかげさまで今は夫の傷も癒えて、また夫婦二人で一生懸命、お店を切り盛りしています。もちろん、素知らぬ顔で松森さんも通ってくれています。

あの夜の背徳の快感の記憶は、彼への感謝の想いとともに、きっと一生忘れられないと思います。

■私は身をのけ反らせて自分の奥深くに入ってくる肉塊の力感を感じ、味わい……

習字教室で出会った彼とトイレ内で淫らに睦み合って

投稿者 野尻りか（仮名）／36歳／専業主婦

知らぬ間に、私と彼の心は通じ合っていたのだと思う。

だって、今こうやって、彼にトイレに連れ込まれながら、私ったら全然怖がっていないのだもの。怖がるどころか、むしろ期待に胸をときめかせてしまっているぐらいで……私って、いけない人妻でしょうか？

彼と知り合ったのは、ここ、駅ビルの最上階にあるカルチャーセンターの中の、書道教室。昔から字が下手なのがコンプレックスだった私は、子育ても一段落して、少しは自分の時間が持てるようになった今、一念発起して字がきれいになるようにここに通い始めたのだけど、まさかそこであんな素敵な人に出会ってしまうとは。

彼の名は卓也さん、私と同じ三十六歳。自宅で株のデイトレーダーをしているということで、普通のサラリーマン男性が働いているこんな平日の昼間でも、時間の自由が利くのだという。それで、ほぼ私と同じような理由でここへ通い始めて。

週に一回、二時間の教室で書道を習ううちに、自然と彼と言葉を交わすようになり、その紳士的でやさしい人柄に魅かれていって……あともちろん、私の大好きな俳優・原田龍○（少し前に女性ファンとの不倫騒動でワイドショーをにぎわした、あの人）に雰囲気が似ていたというミーハーな理由もあって、私にとって彼は単なる書道仲間以上の存在になっていった。

そして、彼の私に対する言動や視線から、彼のほうも私に対して決して悪くない印象を持っているであろうことは、ほぼ確信していた。

でも、お互いに家庭を持つ身……人並み以上の感情を抱き合いながらも、実際にどうこうすることはきっとないのだろうなあ……と、ちょっとせつないけど、大人の分別でもって割り切っていた……はずだったのに！

その教室の日、講義の終わった午後四時過ぎ、私は女性のクラスメイトたちとちょっとした雑談を交わしたあと、トイレに寄ってから帰ろうと廊下をそちらに向かった。と、女性用トイレの手前にある男性用トイレの前を通りかかったそのときだった。

私はいきなり誰かに手を摑まれ、男性用トイレの中に引きずり込まれてしまった。

が、驚いて声をあげようとした瞬間、その相手が他ならぬ彼だったことを知り、すんでのところでどうにか黙ることができた。そして、彼と目が合った。

彼は言葉を発しなかったけれど、その目は雄弁に意思を物語っていた。まちがいなく私のことを欲しがっている……どうしようもなく抱きたがっている！

痛いほどそれを感じた私は、抵抗することもなく彼に手を引かれるまま、奥の個室へと連れ込まれた。内鍵がかけられ、あらためてお互いに向き合う。はぁ、はぁ、はぁ……という、荒げた息づかいの音だけが個室内を支配し、彼は私の唇を求めてきた。

私は素直に口を開け、彼の舌を迎え入れると、その艶めかしいうごめきに自分の舌を預け、からめとられ、溢れるままに唾液を吸い搾り取られた。

んん、はぁはぁ、あふ……んふっ、ううう……。

そのむさぼるような口づけがあまりに気持ちよくて、私の意識はトロトロに蕩け、淫らにホワイトアウトしていくみたいだった。

彼はそうしながら、服の上から両手で私の体をまさぐってきた。その手指自体は、あまり重労働と縁のない暮らしに相応しく、細くてしなやかなものだったが、意外に力強く、私の全身に心地よい圧力を加えていった。

乳房に、脇腹に、臀部に、下腹部に……服の布地を通してでも、その熱いエネルギーは流れ込んできて、切羽詰まったような快感で私の性感を翻弄していく。

その刺激に対する反作用のように、私もごく自然に彼の体に、その下半身に手を伸ばしていた。

ズボンの布地の下で、彼の分身は硬くその身をこわばらせ、今にも飛び出さんばかりに強烈な力感をみなぎらせていた。

ああ、欲しい……これが、欲しいわ……。

私はズボンのチャックを下ろすと、下着を掻き分けて分身を取り出し、熱心にそれを握りしごいていた。それはますますたくましく存在感を増していく。

今や彼のほうも唇から口を離し、上半身をはだけさせて私の乳房を舐め、乳首を吸引していた。ボタンを外すのが簡単なブラウスを着てきてよかった……そんなことを思いながら、私は彼の口唇愛撫の快楽に身を任せ、ますます激しくその分身を責め立てながら、自分でも陰部を疼かせ濡らしていった。

そして、お互いにもう限界というところまで昂ぶりきったそのとき、彼はトイレの便座の上に自ら腰を下ろすと、その前に立ったままの私のパンツとショーツを脱がせ、陰部を剝き出しにさせた。続いて自らも陰茎を露出させ、いきり立ったその上に腰を下ろさせ……ヌプヌプ、ズブブブ……と、互いの性器が合体していった。私は身をのけ反らせて自分の奥深くに入ってくる肉塊の力感を感じ、味わい、彼は下から腰を突き上げるようにして私の肉裂の触感をむさぼってくる。

あひ、んふっ、んくくぅぅ……っ！

私は両手を彼の首に回して全身を揺さぶり、淫らに際限なく肉欲に溺れていく。

ああ、彼の腰の上下動がますます速さと力強さを増してきた。

くる、くるわ……あ、ああっ……んっ！

絶頂に達した私の胎内を、彼の吐き出した大量の精子が汚していた。

ありがとう。その一言だけを残して、彼は去っていった。

ああ、どうしよう、私、本当にどうしようもなく彼のことが好きだ……。

四月から始まった一年間の教室は、まだあと半年以上残っている。

もっともっと、果てしなく彼のことを求めてしまいそうで、私、自分で自分のことが怖くて仕方ないんです。

■先生は女の聖域を淫らに広げ、恥毛に覆われているマグロ色の花びらに指を……

若いイケメン教師の肉体をむさぼった淫楽の昼下がり

投稿者 梶本静香(仮名)/34歳/パート

結婚して十年、三年前からセックスレス夫婦です。

今ではあまり珍しくもないそうですけど、ある日夫に寝室を別にしてほしいと言われ、それに従い今に至っています。別に夫が外に女を作ったとかじゃなくて……実は夫はネットゲームオタクなんです。それで夜遅くまでパソコンの前に張り付き、眠りたい時ゴロンと横になれる和室で一人休みたいと言い出したのです。その申し出は私としても願ったり叶ったりでした。正直言って夫との夜の生活は面倒臭かった……。

そうやってセックスレスになってから、一人息子の大樹が幼稚園に行っている間に出会い系サイトで知り合った男性四人とエッチしましたが、いずれも一回こっきり。つまり浮気は全部で四回です。その後はおとなしくしています。アッチの処理は自慰のみです、男の人みたいでお恥ずかしい話ですが……。もちろん浮気の願望はありますが、肝心の出会いの場がありません。出会い系はもうこりごりです。だってろくな男がいませんでしたから。

ところがです、突然そのチャンスがやってきたのです！

今朝、大樹のクラス担任の桜田浩人（仮名）先生から電話があったのです。

「大樹くん、いますか？　直接会ってちょっと話したいことがあるんですが……」

「大樹なら、今朝主人とEスポーツ大会に出かけてしまいました。帰宅は明日です。今夜は主人の実家に泊まるので……」

「夏休みに入ったばかりですもんね。そっか、ゲーム大会かぁ……いいなぁ。じゃあまたかけ直しますね」

「あの、先生……もしかして大樹がまた何か？」

大樹は日頃から、よくいえばワンパク、悪くいえば〝素行が悪い〟系で、おそらくクラスの誰かに意地悪したか、ケンカしたか、たぶんその保護者からの苦情があったのだと思います。これまでにも二回、大樹は先生から注意を受けていました。

「先生、私に話してくれませんか？　電話ではなく、直接お会いして聞きたいです」

大胆にもそんなことを口走っていました。だって、こんなチャンスもう二度とないかもしれないからです。

というのも、桜田先生は、学校でも評判のイケメン先生。二十四歳、教師歴二年目にして三年一組の担任で、そう息子のクラス！　サッカー部の顧問もやっていて上級生の保護者からの人気も高いと聞いています。初めての参観日、私は一目で桜田先生を気に入りました、私のもろタイプだと思いました。ですから、実はこういう機会をずっと狙っていたのです。桜井先生といつか二人きりになれるチャンスを！

ミーンミーンミーンミーン〜〜〜〜〜……。

もう午後三時半だというのに、真夏の日差しは容赦ありません。

先生がそろそろやってきます、いつもより念入りに掃除した我が家に。

ピンポーン――！

「どうぞ、お入り下さい」玄関で招き入れると、先生は私を見て驚いたようです。そりゃあそうです。私はピンクのブラジャーが透けてるシースルーの白ブラウスに、パンティラインぎりぎりの青いショートパンツで出迎えたからです。

「ど、どうも……お邪魔しますっ」先生は赤ら顔で靴を脱ぎ、私が手招きするとそそくさとリビングルームに入ってきました。

「冷たいアイスティーを用意してるんですが……ビールのほうがよろしいかしら？」

「あ、いいえ、アイスティーを」

でも、私は聞こえなかったフリをして缶ビールとグラス二つを運びました。

「外は暑かったでしょう？　さぁ、どうぞどうぞ」二人掛けのソファに横並びで座り、私はスナックのママみたいに先生の膝に手を置いて、さぁ接待開始です。

グラスに注いだビールを、意外にもゴクンゴクンと先生は一気飲みしようとしていて、さっそく私はその股間に指を伸ばしました。

なんと、先生のアソコはすでにこんもりと盛り上がっているじゃありませんか！　私は躊躇なくファスナーを下ろし、ボクサーパンツの中でにょきにょきうごめいている先生のムスコを摑み出しました。なんてグロテスクで大きなキノコ……！

「すごぉい！」思わず口走ってしまいました。

「あ、あの……こんなこと……」

先生は少し腰を引いたけど、私は構わず摑んだキノコを引き寄せて口に咥えました。

「んおっ！」

「たくさんしゃぶってあげますね」ネチャネチャとわざと卑猥な音をたてて舐めると、

「うぉぉぉぉぉ……ハァハァ、うぐぐぐ……」先生は喜悦の声をあげました。

その声に私のアソコも湿ってきました。先生の手がついに伸びてきて、私の背中をさすり、シースルーのブラウスをたくし上げ、ブラジャーのホックを片手でピチンッと外しました。さすがイケメン、手馴れています、さぞかし色んな女とやりまくってきたのでしょう。先生はためらいなく私のオッパイを揉み始めました。

「んぅうっ」乳房の中央の敏感な肉ボタンを摘まれ、私は声を出してしまいました。

「ああ……まるでグミのようですね、吸わせてください」

先生は私の体を起こし、ソファに仰向けに寝かせました。ブラウスとブラジャーを一度にめくり上げ、左の乳房に顔をうずめると、パクンと乳首を口に含み唾液を十分からませた生温かい舌を、私のグミに押し当ててきました。

「アア……ンンンン～～～」

乳首はぐちゅぐちゅと噛みほぐされ、次は根元から舐め上げられ……左右の乳首を公平にそうやって繰り返されるうちに、私は早くもオーガズムに達していました。

「んんんん～～～～イク～～～～～～！！！！！」

先生は私が果てたのを意地悪な目で確認したあと、ショートパンツとパンティを剝ぎ取り、丸見えになった私の陰毛をゆっくり撫で始めました。

「足を広げて……膝を立てて……」先生に言われるままにその姿勢になると、

「ほぉ～……いい眺め……」レースのカーテン越しに降り注ぐ夏の明るい日差しの中で、私の秘所はさらされています。そして先生は女の聖域を淫らに広げると、恥毛に覆われているマグロ色の花びらの中に指を挿れてきました。

「あああっっ、あっあっあっ……」くちょくちょと掻き回され、粘膜はあっという間に汁気で溢れてきました。それを先生はジュルジュルと音を立てて舐め回すのです。

「あああ〜〜〜!!」先生の舌は荒々しく、時に優しくマグロ色の花びらやピンク色の淫豆を舐め回し、私はあまりの快感に失神寸前でした。

「じゃあ……ハァハァ……そろそろ挿れ……ますよ……ハァハァ……」

「ええ、きて……」

三十路の緩んだ淫膣は、巨大キノコをやすやすと一瞬にして根元まで呑み込みました。クッチョクッチョと肉と肉がこすれ合い、ぬるぬると汁がからまり合う卑猥な音が静かなリビングルームに響き渡り、時折二人の喘ぎ声が重なるのです。

クッチョクッチョはやがて速度を上げ、パーンパーンパーンと性器が激しくぶつかり合う音へと変わっていきました。

「あああ〜〜〜、そこ、そこ……もっと……」

「ここですか……ハァハァ……感じますか……ハァハァハァハァ……」

「ええ……いいわ……いいわ……い……い……」

「ああ、待って、俺も一緒に……ハァハァハァハァ……」

パーンパーン、パンパンパンパンパン……「イクわぁ〜〜〜〜!!!」

「俺……んんもぉ～～～～～～～～～～！！！！」

「きてきてきてきてぇ～～～～～～～～～～！！！！」

「うぉ～～～～～～～～～！！！！」

摩擦が激しすぎて火花が飛びそうなほどの熱さを感じたとき、二人一緒に絶頂を迎えました。

ドクン、ドクン……と私の膣の中で少ししぼんだキノコが脈を打っています。それをキュッと締めてやると、

「んんぁぁ～……」先生は少し体をひくつかせました。

先生の白いミルクが膣から漏れ出ていきます。

「すいません、中出ししてしまいました」

「大丈夫よ、今日は安全日。そのくらいちゃんと計算してお誘いしたのよ」

ふふふと微笑んでみせると、先生はすっかり安心したようです、

「じゃあ……あとで、もっとちゃんと愛し合いたいです」

「もちろんです、先生。寝室の空調はこの部屋より下げて二十五度に設定済みです」

若い男の体を、今夜一晩むさぼり食ってやろう……フフフ……。

今日はワクワクの家庭訪問日です。

■私は彼のその根元をしっかりと握りしめながら、亀頭をねぶり回し、竿を舐め上げ……

同期のセフレ彼と白昼の社内で熱狂したスリリング快感

投稿者　間宮紗江（仮名）／26歳／OL

私、まだ新婚間もないのにこんなことというのもなんだけど、会社の同期の男性社員・三島くんと、入社以来ずっとセフレ関係にあるのね。実は前に一度、半年くらい普通に交際したことがあって、ま、結局恋人同士としては別れたものの、なんといってもカラダの相性はバッチリだったもので、お互いにそこはあきらめきれなくて……じゃあ、エッチだけの関係でってことで、現在に至ってるわけです。

会ってエッチするのは月イチって決まってて、それというのもダンナが月に一回だけ土曜出勤の日があって、その日に三島くんの車であちこちのラブホで……っていうのがパターンになってます。

ところがこの間の会社の昼休み、三島くんがこんなことを言いだしたの。

「ねえ紗江さん、たまには会社でエッチやってみない？」

「はあ？」

きみ、いったい何考えてるのって笑い飛ばそうとしたんだけど、彼ったら思いのほか真剣で、月に一回だけの関係なんてガマンできない、私のカラダのことを思い浮かべると、アレがギンギンになってもうたまらなくて、もっともっとやりたくなっちゃうんだ、って。でも、今のやり方だと私のダンナの仕事との兼ね合いで、月イチの土曜以外、どうにもならない。

「だから普段の日の会社でやっちゃえって……⁉」

「うん。だめかなあ？　紗江さんは今のままで満足？」

いや、正直いうと私だって、抜群に満足感の高い三島くんとのエッチはもっと楽しみたいのがホンネだけど、いっても私、人妻だしなあ……と、相変わらず躊躇していると、彼ったらほんと、子犬のようなせつない目で、

「じゃあさ、一回だけ、ね？　一回だけ会社でやろう？　ほら、あの開かずの資料室！　すべての資料管理のオンライン化を進めてる今、あそこって全然使ってないじゃん。もってこいの逢い引き場所だと思わない？　鍵は総務の僕がどうとでもするからさ」

と懇願してきて、そこまでいわれると私もだんだん気持ちが揺らいできて……勝手知ったるあの部屋でエッチするのかあと想像すると、なんだか無性にムラムラと昂ぶ

ってきちゃったんです。

「うん、わかった。じゃあとりあえず、一回だけね？」

「やったあ！　うん、とりあえず……ね？」

ってことで、早速その翌日の昼休み、実行に移すことになりました。終業後とかじゃなくて、いっそ限りなくオンタイムのそんな時間帯のほうが、スリリングでいんじゃね？　ってことになって。

私と三島くんは、周囲の状況を窺いながら、こっそりと資料室に入り込み、中からドアに鍵をかけました。閉められたブラインドカーテンの隙間からうっすらと陽が射しているだけで部屋全体は薄暗く、なんともいえず妖しくいい雰囲気。このまま照明はつけずにいたしちゃおうってことになりました。

私はスチールデスクの縁に浅く腰かけさせられ、そこに三島くんがキスしてきて。お互いの唇をついばみ、舌をからませ合いながら、私は彼のネクタイをほどき、彼は私の制服のブラウスのボタンを外してくる。

「ん……ふ、うっ……んふぅっ……」

いつもどおりの三島くんのテクニカルな舌遣いに口内をやさしく凌辱されて、私は頭の中を真っ白にさせて昂ぶっていく。ほどき終わった彼のネクタイをスルリと抜くと、Yシャツのボタンを外し、筋肉質の引き締まった体を露わにさせてあげて。

私のブラウスもはらりと床下に脱ぎ落とされて、いとも簡単にブラを外されちゃう。剝き出しになった乳房を彼が摑み、やわやわと揉みしだきながら、時折乳首を摘まみこねてくる。私のほうも同時に彼の乳首を摘まんで、コリコリといじくってあげる。

「んん……ん、んんっ、うう……」

彼のほうも乳首を責められるのが大好きで、そう甘く喘ぎながら、より一層私への乳首愛撫にも熱を入れてくる。ムニュムニュ、コリコリ……どんどん乳首が尖ってきて、ジンジン、うずうずと甘く痺れるようなかんじ。

「あ、はあ……あ、ああ……んふぅ……」

そのまま、今度は彼が私の胸に舌を這わせてきて、生温かいぬめりが乳首にからみついてうごめいて……ああ、チョー気持ちいい。

「紗江のオッパイ、今日も感度良好でまったく異常なし！」

「ふふ……ばか……」

それから彼は私のスカートを脱がせ、ストッキングと下着も剝ぎ取ると、身をかがめて、すでに十分に湿り潤っている私の暗い股間に顔を埋めてきました。ぴちょぴちょ、くちゅくちゅ、じゅぶじゅぶ……と、薄闇の中で淫らな音をたてながらアソコを舐めむさぼってくれて。

「はあっ、あ、ああ……いい、いいわ、三島くん……！」

「んぶっ、じゅぶ……ああ、相変わらずおいしいよ、紗江さんのマ○コ……」

「んんっ、んふぅ……く、くふぁああっ……！」

ああ、もうほんと最高、三島くんのオーラル！　私のほうももうたまらなく彼のをしゃぶりたくなっちゃって、強引に攻守交替。彼をデスクに寄りかからせると、ガチャガチャとベルトの金具を外してスーツのズボンと下着をずり下げて……ブオンッ！ってていう擬音がふさわしいくらいのものすごい勢いで、ギチギチに勃起して反り返ったペニスが跳ね上がってきた。うふ、いつ見ても私好みのいいカタチ！

「……はむっ、んぐ、んじゅぶ、ぬちゅ、んちゅ、んちゅ、んん……はぶぅ……」

私はその根元をしっかりと握りしめながら、亀頭をねぶり回し、竿を舐め上げ、舐め下ろし、玉袋も口に含んで転がし弄んで……無我夢中でむさぼってたわ。

「ふぅぅ……すげぇ、やっぱ、紗江さんのフェラ、最高！　僕たち、マジにカラダだけは運命のパートナーだと思わない？」

うん、思うわ。

そしてお互いにすっかり昂ぶり、出来上がった私たちは、ついに一つになるべく、私が後ろを向いてデスクの縁に手をついてお尻を突き出す格好になった。それを三島くんが背後からがっしりと摑んで、ぐいっと腰を突き出して……ヌブヌブヌブッ、という淫らな肉感とともに私は刺し貫かれ、ヌッチ、ヌッチと抜き差しされた。

「あ、ああっ、はぁっ……あん、あああっ！」

「ああ、紗江さん、紗江さん、紗江さん……っ！」

「三島くん、三島くん、三島くん……っ……うぅ～～～っ！」

いつも最高の快感だけど、今日はそれ以上だわ……やっぱり会社の中でっていう緊張感のあるシチュエーションが、よりエロく、よりスリリングに影響してるのかしら？　とにかく私はあっという間に昇り詰めてしまい、彼のほうもほどなく、いつにも増して大量の精液をすごい勢いで放ち注ぎ込んできたの。

とりあえず会社でやったのは、今のところ約束どおりこのときの一回だけだけど、時々その忘れがたいカイカンの疼きを思い出してしまうんです。

私のほうから、もう一回おねがい！　って懇願してしまうのも、そう遠い先の話じゃないかもしれませんね。ふふ。

■私は自分で両乳房を持ち上げ挟み込み、中井さんのペニスをニュルニュルとしごき……

逃げ出した猫のおかげで味わった真夏の口止めカイカン

投稿者 上田もとか（仮名）／32歳／パート

２ＤＫのアパート住まいなんですけど、実は内緒で猫を飼ってます。私も主人も大の猫好きなもので、あまり鳴かない種ならバレることもないだろうって。ところがこの間、とんでもないことが……！

その日、夕方の五時すぎにパート勤めから帰ってきた私。主人も今日は残業もなく七時すぎには帰ってくる予定だったので、早く夕飯の準備しなくちゃって、かなり焦り気味で玄関ドアを開けたんです。するとその瞬間、いきなりルビー（飼い猫の名です）が外に飛び出してきちゃって！　いつもならまず、そーっと薄めにドアを開けてルビーの所在を確認するところ、今日は気が急いていたものだからそれをちゃんとしないのがいけなかった！　そしてさらに悪いことにちょうどその瞬間、お隣りの中井さんがドアを開けて出てきたところで……ルビーったらそっちの部屋のほうに飛び込んじゃったんです！

「あ、あ、あ……す、すみません！」

　私はそう言うなり、思わずルビーを追って自分もお隣りの部屋に飛び込んでいました。ルビーを追って慌てて三和土《たたき》でサンダルを脱いで奥の部屋まで進んで、ようやっと隅っこのほうで確保することができました。

「ああ、ほ、ほんと、すみませんでした……！」

　そう言いながらルビーを抱いて振り向いた私でしたが、そこに立ちはだかっている中井さんの顔に浮かんだ、なんとも怪しげな表情に気づきました。

「びっくりしたな～、もう……へえ、奥さんのところ、猫飼ってたんだ？　それってダメなんじゃないの？　ん？」

「あ、いや、その……管理会社には黙っててください……な、何かお礼はしますから」

　ねめつけるような表情で、じりじりと近づいてくる中井さんに向かって、私はしどろもどろになって言いました。猫を手放せとか、それができないんだったら出ていけ、とかいう話になったらたまったもんじゃありません。

「ふ～ん、何か……お礼を……ねえ？　じゃあ、こういうのでもいい？」

　中井さんはいきなり手を伸ばしてくると私の両肩を摑み、その拍子にルビーは手の中から飛び出して、たたたたーと部屋を出ていってしまいました。

「前から奥さんのこと、いいなあって思ってたんだよ。ねえ、抱かせてよ。そしたら猫のことは誰にも言わないでおいてあげるよ」

私はとんでもない展開にあたふたし、中井さんの手の中でもがきながら必死で言いました。

「え、えっと……そ、それは……ほら、中井さんの奥さんが……」

「あいつのことなら大丈夫。今実家に帰ってるから。今日、明日は俺一人なんだ。誰にも気兼ねすることなんかないさ」

「ル、ルビ～～～……あ、あんたのせいでこんなっ……！」

私は心の中で猫に向かって悪態をつきながらも、同時に猫のことを中井さんに黙っていてもらわなければと、もう必死の思いでした。だから、私を畳の上に押し倒してくる中井さんに対して抗うことができなくて……。

「あっ、あ、あの、玄関ドアがちゃんと閉まってませんよ」

「大丈夫だって。うちと奥さんの部屋は揃ってフロアの端のほうだから、誰も前を通りゃしないから、な？　いうとおりにすれば猫のことは誰にも言わないって」

「や……約束ですよ？」

「ああ、絶対！」

そこで私は覚悟を決めました。

ルビー、あんたのせいでもうっ！　……しばらくはオヤツはなしだからねっ！

寝そべった私の上に中井さんが覆いかぶさり、薄手のサマーセーターごしに胸をまさぐり、ぐいぐいと揉みしだいてきました。下着はワイヤーのないタイプの柔らかいブラなので、その荒々しい力感がほぼダイレクトに私の乳房を責めたててきます。

「あっ、ひ……ひあ……そんな強く……い、いたいっ……」

「大丈夫、大丈夫！　いまに気持ちよくなってくるって。ほらほらっ！」

中井さんは私の訴えになど聞く耳持たず、続けて頭からサマーセーターを抜き脱がせると、ブラを剝ぎ取ってしまい、剝き出しになったナマ乳を、さらに強引に直接揉み込んできました。

「ああっ、あっ、ひぃ、ひ……あうん、んふぅっ……！」

確かに中井さんのいうとおり、最初痛かったのがだんだん和らいできて、次第にえも言われず甘美な感覚へと変わっていきました。乳房全体がジンジンと妖しく痺れ、乳首の先端に向かってキュ～ッと快感の電流のようなものが走り抜けていきます。

「はぁ、はぁ、はぁ……ほんと、奥さん、エロいオッパイしてるねえ！　俺もたまらなくなってきちゃったよ」

中井さんはそう言うと、自分も着ていたTシャツを脱ぎ、下着もろともずるっと短パンをずり下げると全裸になり、ちょうど馬乗りになった私の胸元にペニスが突きつけられる格好になりました。もちろん、すでにガチガチに勃起して、熱くたぎりきっています。

「はぁ、はぁ、はぁ……奥さん、そのたわわな胸でパイズリしてくれよお！　ほらほら、俺のチ○ポ、しっかり挟み込んでさあ！」

私は言われたとおり、自分で両乳房を持ち上げて挟み込み、中井さんのペニスをニュルニュルとしごきました。なにせ玄関ドアが中途半端に開いていてエアコンの効きが悪いものだから、部屋の中は暑く、もう私たちの体は汗だく。ペニスの先端から滲み出る先走り液とないまぜになって、私の胸元はヌチャヌチャに濡れまみれています。

「おお～、いい、いいぜ、奥さん……チ○ポ、キモチイイ～～！」

すぐ眼前でますますたぎり昂ぶってくるペニスを見ながら、私の性感もどうしようもなく煽られてしまいました。快感で火照る乳房から下腹部へとエクスタシーの導火線がつながって、淫らな火花が散り走っていくようです。

「あ、ああ、んああ……」

「奥さんもいいんだな？　欲しいんだな？　よし、今入れてやるからな！」

ついに私も下半身を剝かれてしまい、恥ずかしく濡れた股間に勃起ペニスが押し当てられました。そして、ヌチュヌチュと蜜壺を掘りえぐってきて……！

「ひあっ、あっ……ああ～～～～っ！」

「奥さん、奥さん……ううっ、たまんねえ具合だぁっ！」

中井さんはすごい勢いで私を貫き揺さぶると、ものの五分ほどで果て、私のお腹に向かってタップリと白濁液をぶちまけました。正直、私はイクことなく中途半端な状態で終わったのですが、それでも十分感じることができて、満足感がありました。

ふと時計を見ると、もう六時半になっていました。

「あ、もう主人が帰ってくるんで戻りますね。あの、猫のことはくれぐれも……」

「もちろん、誰にも言いませんよ。でもよかったら、またこんなふうに二人で楽しみませんか？　ほら、俺も今失職中で時間と体力だけはあるもんで……ね？」

その後、自室に戻って夕飯の用意をしながら、中井さんの誘いがけを思い出し、うん、ちょっといいかも、と思ってしまった私なのでした。

第四章

淫らなあやまちに狂って

■私は、苦痛に歪む心とは裏腹に、肉交の快感にあられもなく感応し、悶え喘ぎ……

妊娠できない女体を欲望のはけ口にされた裏切りの淫夜

投稿者 栗田真奈美（仮名）／28歳／OL

食品会社に勤める夫と今、結婚四年目です。子供はまだいません。

というか、実は私、子供ができにくい体だったんです。なかなか妊娠しないのがちょっと心配になって、昨年病院で診てもらったら、卵管に異常があることが見つかって……あのときは、本当に落ち込みました。医師の見解では、この先普通妊娠できる確率は五％くらい。ほぼ一生子供は産めないと宣告されたも同然です。

四つ年上の夫は、「まあ、世の中には子供がいない夫婦くらい、いくらでもいるさ。俺たちは二人だけで楽しくやっていこうじゃないか」と言ってくれましたが、明らかにそれ以降、私を求めてくる回数が減りました。一人息子である夫は、本当はすごく子供が欲しいはず。でも、妻の私といくら性行為に及んでもムダ射ちみたいなものです。かと言ってお金のかかる不妊治療に精を出す経済的余裕などわが家にはなく……

最近は帰りも遅いし、ひょっとしたら外でどこかよその女の胎内に精子を注ぎ込んでいるのかもしれません。それでもし子供ができたら、私は捨てられるかも……。

そんなふうに、ここ最近の私は不安と被害妄想チックな思いにとらわれがちで、なんだかもうおかしくなってしまっていました。

そんなときです。直属の上司のE課長（四十歳・家庭持ち）が急接近してきたのは。

「どうしたの、栗田さん？　最近元気ないじゃない？　どう、景気づけに久しぶりに二人で飲みに行かない？」

そう、実は課長、私が結婚する前はけっこうよく飲みに誘ってくれて、まあ薄々これは下心があるなあと勘付いてはいたんですけど、けっこうイケメンだし、やさしいし……正直その気はなかったんですが、たまに楽しく二人で飲みに行ってたんです。

それもまあ、私が結婚してからはなくなりましたが。

そんな課長からの久々のお誘い……私、正直、嬉しかったんです。

もう子供が産めないという絶望感からの、夫に対する疑心暗鬼に苛まれて……ボロボロの心に、課長の笑顔が、柔らかな声が染みました。

私は自分の不妊のことも夫とのことも、ごく限られた友人知人にしか話してはいなかったので、課長は純粋に私の落ち込んだ様子を見て、元気づけようと誘ってくれたのだと思いました。

「そうですね……行っちゃおうかな」

「決まり！」

それから私と課長は、かつてよく二人で飲みに行ったBARへ向かい、課長はウイスキーの水割り、私はカクテル……それぞれのグラスで酌み交わしました。課長との会話は本当に楽しくて、癒されて、私は時の経つのも忘れ、すっかり酔っぱらってしまいました。そしていよいよ初めて聞く課長の誘惑の言葉、

「だいぶ酔っちゃったね。どう、よかったらどこかで休んでいかない？」

それに、私はとうとううなずいてしまっていました。

この一時だけでいい、悲しいことも、つらいことも忘れさせてほしい……。

ホテルに向かう道すがら、酔いは徐々に醒めていきましたが、課長との初めての男と女の逢瀬に対する期待と昂ぶりは、高まっていくばかりでした。

部屋に入り、交互に軽くシャワーで汗を流した私たちは、キングサイズのベッドに上がりました。週二でジムに通っているという課長の肉体は、確かに鍛えられ引き締まり、四十歳という年齢を感じさせないものでした。

「栗田さんの体、とってもきれいだよ」

仰向けになった私の上に覆いかぶさりながら課長はそう言い、胸を揉みしだきなが

ら、乳首に唇を寄せ、吸い、舐め転がしてきました。

「あ、ああ……あん、はぁ……」

「たぶんとっくにお見通しだと思うけど、俺、前からずっと栗田さんとこうしたかったんだ。ああ、やっと想いが叶ったよ……」

「はあ、ああ……いや、真奈美って呼んで！　あ、はぁん……」

唇と舌と、そして歯も駆使した課長の口戯は柔らかで繊細ながら、私の女の官能スポットを見事なまでに突いてきて、甘く蕩けるような快感が全身を包んでいきました。

「ああ、真奈美……かわいいよ……」

課長はさらに空いている左手を下のほうに伸ばし、私の陰部に指を差し入れてきました。すでに十分にぬかるんでしまっているソコは、いとも簡単にそれを呑み込み、クチャクチャ、ヌチャピチャと恥ずかしい音で啼きながら、ひくつき、わなないていました。

私も思わず課長の股間に手をやって、その男芯をまさぐり、あまりにも硬く大きくみなぎっているのに嬉しい驚きを感じていました。ああ、こんなにも課長は私のことを欲しがってくれている……！　醒めた夫とは真逆の反応にますます昂ぶってしまった私はそれを激しくさすりしごきたて、でもそんなんじゃもう気がすまなくて、無理やり体を起こしてしゃぶりついていました。

そのままシックスナインになだれ込んだ私たちは、お互いの性器をケダモノのようにむさぼり合いました。

私は課長のパンパンに張り膨らんだ亀頭を口に含み、舌をからめて舐め回し、太い血管の浮いた竿をできるだけ喉奥深くまで呑み込んで、頭を振り立てながら激しくしゃぶりたてました。

「うっ、ううう……あぁっ……！」

そう喘ぎながら、課長も私の女芯をこれでもかと愛してくれました。長い舌が私の濡れそぼつた肉ひだを一枚一枚めくるように掻き分け、吸いまさぐって……もう気持ちよすぎて、自分でも怖くなってしまうくらい大量の淫汁が溢れ出してくるんです。

「ああ、あっ、あひ……ひぃ、うふぅ……課長、いい……」

それでも負けずに、玉を揉み転がしながらしゃぶりたて、今にももう爆発しそうなくらいに膨張しきった男芯を、その自らが垂れ流した粘液をまとわりつかせてヌチャヌチャとしごいて……。

「ああっ、くうっ……もうダメ、限界！」

課長はいきなりそう叫ぶと、ガバッと体を起こし私をベッドに押し倒してきました。

そして、振りかざした男芯を挿入しようとしました。そこで私は一瞬躊躇して、

「あ、コンドームは……？」

と口走っていました。

すると、次の課長の言葉はあまりにも衝撃的でした。

課長はこう言ったんです。

「えっ？　だってもう妊娠しないいんだろ？　だったらいくらナマでやったたって平気じゃん！　俺の濃ゆくて熱いの、ジャンジャン注ぎこんでやるからさ！」

え……課長、なんでそのこと知って……？

「経理の佐藤から聞いたよ。おまえ、妊娠できない体だって。サイコーじゃん！　なんの心配もしないでナマでやりまくれるなんてさ！　俺がセックスレスのダンナの代わりに思う存分可愛がってやるよ」

まさか……親友の（佐藤）由紀がしゃべってたなんて……⁉

私はあまりの驚きに愕然としながら、でも、人が変わったように悪魔じみた欲望丸出しで突っ込んでくる課長を受け入れるしかありませんでした。

だって……心はショックを受けながらも、カラダは……どうしようもないくらい感じてしまっていたから。

「そ……そんな、あ、あぁ……ひあっ、ひぃ、あううう……」

「はぁ、はぁ、はぁ……ほら、いいだろ？　久しぶりのチ○ポの味は……？」

私は、苦痛に歪む心とは裏腹に、肉交の快感にあられもなく感応し、悶え喘ぐ己の肉体に絶望しながらも、絶頂に向かって昇り詰めていくしかありませんでした。

「あ、ああ、あっ……あ、あああああ〜〜〜〜〜〜っ！」

「うぐっ、くうううっ……んっ！」

次の瞬間、達すると同時に、胎内で課長の爆裂するような熱いほとばしりを受け止めていました。それは、失神するかと思うような淫らすぎる興奮でした。

課長は私を部屋に一人残して去っていき、私はしばらく心身ともの脱力と衝撃の余韻に浸ったまま動くことができませんでした。

心は課長の悪魔のような思惑と親友の裏切りに傷つきながら、カラダは……またこの醜い肉の悦びを求めてしまいそうな自分がいるのです。

■肉唇がひしゃげつぶされんばかりに擦られ、子宮が壊れんばかりに突かれ……

突然義弟からぶつけられた衝撃の背徳エクスタシー

投稿者　高須真紀（仮名）／34歳／専業主婦

ああ、今思い出してもアソコが熱く疼きまくって、ついつい、手をそこにやって自分でいじくらずにはいられない。それは、そのくらい強烈に私の性感に刻み込まれた、快楽の刻印だった。

その夜、私は家に一人だった。夫と小学生の息子は、夏休みを利用して夫の趣味のアウトドア仲間たちと一緒に一晩のキャンプ旅行に出かけたのだ。私は元々、読書とか音楽鑑賞が好きなインドア派だったので、そんなことの一体どこが楽しいのか、さっぱりわからないのだけど……。

などと思いながら、夜の九時になろうとする頃、好きなTVドラマを観ようとリビングのソファに腰を据えたときのことだった。突然、玄関のチャイムが鳴り、一体こんな時間に誰？　といぶかりつつ、歩いていってインタフォン越しに相手を確認すると、それは夫の二つ下の弟の雅人さん（三十六歳）だった。

「こんばんは、真紀さん。こんな夜分にいきなりすみません」

「はあ……まあ、いいんですけど、何のご用で？」

当然、むげにするわけにもいかず、ドアを開けて屋内に招き入れつつそう訊ねると、年上の義弟は三和土で靴を脱ぎながら、こんなことを言いだした。

「いや、ほら、今日は兄貴と直哉くん（息子のこと）がキャンプに行って留守で、家には真紀さん一人だって聞いたもので……その、寂しがってないか、様子を見ようと思って……」

「はあ？」

私は雅人さんの予想だにしない答えに、さすがに面食らってしまった。

私が一人で寂しい？　三十四歳のおばさんをつかまえて？

何言ってるの、この人？　と思いながら、私はとりあえず冷蔵庫からアイスコーヒーを出して、ソファに座った雅人さんの前に置いた。

確かに、前からこの義弟は、ちょっとつかみどころのないところがあった。けっこう有名なＩＴ企業に勤めるエリートな上に、見た目も悪くない。さぞモテるだろうにまるで女っけがなく、未だに独身一人暮らしの三十六歳。たいした趣味もなさそうだし、どちらかというと無口で。でも、なんとなく悪い感じは受けなくて、私はけっこう好ましくは思っていたのだけど……。

礼の言葉を述べながらアイスコーヒーのグラスに口をつける雅人さんを、私は黙って見ていたのだけど、それでも彼は特段しゃべろうとはしない。ときどき、チラチラと上目遣いに私の顔を見ながらも、黙ってストローを啜るだけだ。

さすがの私も少しイヤミっぽく軽くため息をつきながら、リモコンを手に取り例のドラマのチャンネルに変えようと視線をテレビのほうに逸らした。

そのときだった。

雅人さんが突然私に飛びかかり、カーペット敷きの床に押し倒してきたのは。そして馬乗りになって覆いかぶさると、Tシャツ一枚の無防備な私の首すじに顔を埋め、むさぼるように吸いついてきた。

「や、ちょ……な、なんなの、雅人さん⁉　変な冗談はやめて！　や、だめだったら、ほんと、マジやめてっ……！」

私はそう言いながら抵抗しようと、必死で手足をジタバタさせてもがくのだけど、長身ではあるもののひょろっと細身の雅人さんの力は思いのほか強く、その体を突き放すことはできなかった。

すると、

「ねえ、やめてっ、雅人さん……お願いだからっ……」

「お願いしたいのは俺のほうだ！」

私の懇願の叫びに応えて、彼は思わぬことを言いだした。

「正直、八年前、兄貴が真紀さんをうちに連れてきて紹介したときから、ずっと好きだったんだ！　それ以来、他の女のことなんか全然目に入らなくて……でもそれじゃダメだって、真紀さんのことをあきらめようと無理やりつきあってはみるんだけど……やっぱり真紀さんじゃないと！　ねえ、お願いだ、俺のものになってくれよ！」

「そ、そんな……っ⁉」

私は雅人さんの意外すぎる告白をぶつけられ、驚き、うろたえながらも……正直、決してイヤじゃなかった。元々嫌いじゃなかった相手な上に、すっかり倦怠期状態の夫との夫婦生活には望むべくもない、熱い想いと欲望の奔流に呑み込まれることで、頭の芯が痺れるような甘美な感覚を味わっていたから……。

そんな、抵抗の手がふと弱まってしまった隙に乗じるように、雅人さんは私のTシャツを頭から脱がし、またたく間にブラジャーも剝ぎ取って……リビングの明るいLED照明の中、私の裸の胸がさらされ、ぷるんと揺れた。

さらにホットパンツに手がかけられ、下着ごとずり下げられ……私はとうとう全裸にされてしまった。股間の黒々とした茂みが、自分でもやたら淫靡に感じてしまう。

「ああ、真紀さんのオッパイ、真紀さんのオマ○コ……ほんと、夢みたいだ……」

雅人さんはそそくさと自分も服を脱ぎ去ると、実はその知られざる細マッチョな肉体でもって、あらためて私の少し脂ののった白い肉体を抱きしめてきた。軟らかい尻肉に、心地よい握力が食い込んでくる。

「ああ、た、たまんないよ、真紀さん！　ほら、俺のもうこんなになっちゃった！」

そう言われ、でも見るまでもなかった。

雅人さんの恐ろしいくらいに巨大に屹立したペニスの熱さと肉感が、私のお腹から下腹部にかけてうごめき、強烈に存在感を主張していたから。

すると、自分でも驚くことに、その存在感に敏感すぎるほどに反応した私のアソコは、まるで噴き出すように激しく淫汁を溢れさせ、早く彼の巨大なペニスが欲しいと言わんばかりに、いやらしくひくつき、わなないてしまうのだ。

「だめだ、がまんできない！　真紀さん、ナマで入れるよ？　いいよね？　受け入れてくれるよね？　ああ、真紀さん、好きだっ……！」

「あっ、ああ、あん……はぁっ！」

その圧倒的に硬く大きな肉感が秘裂を割って押し入ってきたとき、私は今まで感じたことのない衝撃に打ちのめされ、さらにそれが激しい抜き差しを始めるに及んで、信じられない快感の震動に翻弄されていた。

ああ、こんなに凄いのって……生まれて初めて！

肉唇がひしゃげつぶされんばかりに擦られ、子宮が壊れんばかりに突かれ……その疲れを知らない雅人さんのペニスの嬉しい暴虐ぶりに、私は続けざまに二度、三度とイッてしまい……、

「あひっ、ひぃ、ああっ！　……んふぅ、ふぅ、くあああっ！　……んあっ……」

そしてついに、雅人さんも、

「くうっ、真紀さんっ……俺も、イ、イクよっ……！」

「ああっ、きて……いっぱい熱いの出してぇ〜〜〜っ！」

私は雅人さんの大量のザーメンを胎内に飲み込みながら、この夜最後のクライマックス・オーガズムを心ゆくまで堪能したのだった。

ああ、やだ、また思い出してきちゃった。

今から、狂ったようにオナニーしたいと思います。

■彼の舌づかい、吸い加減は本当に絶妙で、私は心身ともにトロトロに蕩けて……

助けてもらったお礼にSEXを要求され肉体謝礼した私

投稿者　湯川翔子（仮名）／29歳／パート

その土曜日、私はすっごく落ち込んでた。

朝、夫とつまらないことでケンカして、ほんとは二人で買い物に出かけるはずだったのが、当然ご破算。夫はぷいと家を出ていってしまい、私は一人取り残されて。

（あ〜あ、ちょっと言い過ぎちゃったかなあ……）

あとになって後悔しても、時すでに遅し。とりあえず私は、家にいてもしょうがないので出かけることにした。夫がいつ帰ってくるかはわからないけど、夕飯の準備はしておかないわけにもいかないし……よし、スーパーに買い物に行こう。

炎天下の中、帽子をかぶり、ＵＶケアのためにタンクトップの上に長袖のシャツを羽織り、下は七分丈のサブリナパンツという格好で自転車に乗って出かけた。

午後一時すぎにお店に着き、あれこれと買い物して外に出たときには、二時近くになっていた。ちょっと買いすぎちゃったみたい……私はけっこうな重さになった買い物袋を手に駐輪場に向かった。

と、歩いている途中のことだった。急に強烈なめまいがきて体がふらつき、手近にあった自転車に倒れ込んでしまった。すると、
ガチャガチャガチャガチャッ……!

ずらっと並んでいた自転車が次々に将棋倒しになっていき、私はその様子を見ながら立ちすくんで呆然とするだけだった。まだめまいも治まらず、体のほうも思うように動き出せない。

周りにいる他の買い物客たちは遠巻きに「あ〜あ」という顔で、ただ冷たく見てるだけ……もうやだ……私が泣く泣く倒れた十数台の自転車を一人で起こそうと手前の一台に手をかけたときのことだった。

「手伝います」

そう言って、一人の男性が一緒になって作業を手伝ってくれた。

「あ、ありがとうございます!」

地獄に仏とはこのことだった。

しかも、その私と同年代と思しきなかなかイケメンの彼は、私の悪そうな体調を心配して日陰で休むように指示した上で、彼一人ですべての倒れた自転車を起こしてく

れて……私はもう泣きたくなるほど嬉しかった。

私があらためてお礼を言おうとすると、逆に彼は、

「まだだいぶ顔色が悪いですよ。たぶん熱中症じゃないかなあ？　よかったら、僕のアパートすぐこの近所なんで、少し休んでいきませんか？」

と言ってくれた。

え？　いくら困ってるところを助けてくれたとはいえ、普通、見ず知らずの男のアパートなんて行くわけないでしょって？

たしかに普通はそうよね。

でもね、私、ついて行っちゃった。

ほら、その日は朝の夫とのケンカの一件で後悔してたこともあって、男性に対してちょっと弱気というか、やさしい気持ちになってたのもあったのかなあ？　あと、実際ほんとに少し休みたいのがホンネだったし。

彼のアパートはほんとに近くて、スーパーからほんの徒歩五分くらいのところ。

二階の角にあるその部屋に入ると、途端にどっと熱気が襲いかかってきたけど、彼がすぐにエアコンを効かせてくれて、間もなく涼しくなった。

六畳一間と三畳くらいのダイニングキッチン、バス・トイレで構成されたその部屋

は意外にきれいに片付いていて、壁に沿ってベッドが置かれた六畳間に腰を下ろし、彼が出してくれたアイスコーヒーを飲んでいると、ようやく少し落ち着き、体調も回復してきた。腕時計を見ると、四時近くになっていた。

「あの、今日は本当にありがとうございました。またあらためてお礼に伺わせてもらいますので、今日のところはもうそろそろ……」

私はそう言って、立ち上がろうとした。

でも、彼に肩を押さえられて、動けなくなってしまった。

「そんな、あらためてお礼なんていいですよ。そんなたいしたことしてないし。……っていうか……お礼なら、今すぐください」

彼はそう言うと、いきなり私にキスしてきた。

私は正直、それを少し予感していた。

アイスコーヒーを飲みながら、彼と他愛ないことを話すうちに、彼の視線から、発するオーラから、疑いようのない私に対する欲望を感じ取っていたから。

「え……はぁ、あ……そんな、だめです……」

私は一応口ではそう言いながらも、クチュクチュと音をたてながらからみついてくる彼の舌を拒むことができなかった。

「は……ん、んふぅ……」

拒むどころか、自分からも舌を吸ってしまい、お互いの口の中は二人の唾液でいっぱいになり、唇から顎へとダラダラとこぼれ滴り落ちていく。

「ほんとは、あの駐輪場で一目見たときから、あなたのこと、いいなって……そしたら、うまい具合に……って言ったら申し訳ないかな、あなたがあんなことになっちゃって、おかげで、うわっ、チャンスきたーっ！　ってね」

彼はそんなことを言いながら、私の長袖シャツを脱がし、タンクトップの上から胸を揉みしだいてきた。ちょっと買い物に行くだけだし、上にシャツを羽織ってるしってことで、ブラは着けてなかった。

「ふふ、意外とオッパイ大きいんだね。いい揉み心地だ……」

彼はそうほくそ笑みながらさらに揉んだあと、今度はタンクトップをめくり上げてきた。プルンと私の白い胸が露出して、濃いピンク色の乳首が顔を出す。

「おいしそう」

「あ、ああん……っ！」

彼に乳首を吸われるうちに、私はまだかろうじて少し残っていた抵抗感と羞恥心が、消え去っていくのを感じていた。その舌づかい、吸い加減は本当に絶妙で、私は心身ともにトロトロに蕩けてしまって……。

「ほら、僕のも触ってみて」

彼にそう言われて手を導かれると、触れた先にあった存在の大きさと硬さ、そして何よりもその熱さにびっくりしてしまった。あらためて見やると、夫のよりも大きい、優に十七～十八センチはありそうな勃起したペニスが鎌首をもたげ、先端を透明な液体で濡らしながら、私のほうを見つめ返していた。

「ねえ、しゃぶってみてよ」

彼の言葉に、私はなんの躊躇もなく従っていた。

汗でちょっとしょっぱかったけど、イヤな臭いがするわけでもなく、逆にその肉感的なボリュームを私は美味しいとまで感じながら、無我夢中で吸い、舐め、喉奥に深く出し入れしていた。

「う、くう……ああ、いい……とっても上手だよ……」

そう言って喘ぐ彼の声を聞きながら、私もアソコを思いっきり濡らしていた。

「んふっ、んじゅっ、んぷ……ぐふ、ううぶぅ……」

「……んあっ、もう限界！」

彼はいきなり私の口からペニスを抜くと、慌ただしく私の下半身を裸に剝いて、大きく広げさせた両脚の中心にその肉塊をめり込ませてきた。熱く硬いたぎりが私の肉ひだを掻き分け、奥に向かって突き進んでくる。

「あっ、あっ、あ……ひぃっ、あああ〜〜〜っ！」

激しいピストンに揺さぶられ、翻弄され、押し寄せる快感の大波に深々と呑み込まれていってしまう……。

「くぅっ、きた……う、で、出る……っ……くはっ！」

「あう……んああああああっ！」

彼は私のお腹の上にドピュドピュと勢いよく大量の精子をぶちまけ、私も身をのけ反らせて絶頂を迎えていた。

その後、帰ろうとする私に、彼は携帯の番号を書いた紙を渡してきたけど、まだ一度もこちらからかけたことはない。でも、今でもたまに夫との仲が険悪になったときなど、ふとあのアパートを訪ねていきたい衝動に駆られる私がいる。

■レロレロと動く舌がクリトリスをつつきこね回し、ヴァギナの縁を舐め上げて……

本屋で出会った彼とのはかなくも運命的な一夜の関係

投稿者 東浦亜弓（仮名）／27歳／パート

私は去年、同僚男性からプロポーズされて結婚、そのまま俗にいう寿退社しました。でも正直いうと、そのことを後悔している自分がいます。なぜって……夫のことがあまり好きじゃないから……。

私、もともと地味でおとなしい、読書だけが生きがいっていうタイプの女子だったんですけど、それに反して夫は能天気タイプのゴリゴリ体育会系マッチョで、誰がどう見ても水と油という組み合わせ。そんな夫、いったい私の何が気に入ったんだか、こっちがあきれるぐらいの熱烈アプローチをしてきて……その押しの一手に、とうとう私は押し切られちゃったというわけなんです。うちの親なんかも、彼が明らかに私の好みじゃないとわかっていながら、何せ営業トップの前途有望株であることに目がくらみ（?）、喜んで縁談を進めてしまい……それはもう、あれよあれよという間に結婚させられちゃったかんじでした。

でもまあ実際、彼は夫として決して悪いものではなく、稼ぎはいいし、真面目だし、やさしいし……文句をいうとバチが当たりそうなんですけど……ただどうしても受け入れがたいのが、本なんてまったく読まない、脳みそ筋肉野郎であること。だから夫婦の会話なんかにしても、小説とか、芸術とか、クラシックとか、そういう話題などこれっぽっちも出るわけもなく、テレビのお笑いとかドラマとか、芸能スキャンダルとか……そんな話ばっかりで、ほんと、げんなりしちゃうんです。

あとまあ、セックスのほうも……ねえ？　夫はマッチョとはいえ決して乱暴なわけではなく、自分なりにやさしくやってるつもりらしいのですが、それでも私からしてみれば、昔から『巨乳メガネ』と呼ばれている私の胸をワシワシ揉みながら、ガンガンズコズコ突いて、一方的に射精しちゃうってかんじで、なんだか愛されてる気が全然しないんです。もっと甘くロマンチックに抱いてほしいのに……。

夫に対してそんなふうな不満を抱いている私でしたが、ある日、運命的な出会いをしてしまったんです。

それは、洋菓子店のパート上がりの夕方に、駅前の書店で好みの本を物色しているときのことでした。書棚に並ぶ本の背のタイトルを目で追いながら、「おっ」と思う一冊を見つけた私は、それを取ろうと手を伸ばしました。……と、本に手が届こうかという直前、横から伸びてきた別の人の手と触れ合ってしまったんです。

「あっ、ご、ごめんなさい……！」

「いや、ぼくのほうこそ、すみません……」

相手は私と同年代らしきスーツ姿の男性でしたが、一目見た途端、自分の心臓がドキンと大きく跳ね上がるのがわかりました。

彼は細身でメガネをかけた、いかにも文学青年といった風貌で、自分と同じ匂いを感じさせました。しかも、顔だち自体も俳優の坂口○太郎くんを思わせる、モロ私好みのソフト系イケメンで……！

私は自分でもびっくりすることに、こちらから話しかけてしまっていました。

「あの……この作家さん、お好きなんですか？」

「あ、はい……大ファンなんです。ずっとこの本を探してたんですよ」

「そうなんですね。じゃあ私は今度でいいので、この本、どうぞ」

「え、いいんですか？　そんな、悪いなあ……」

……すると、驚くくらいにスムーズに会話がつながっていったんです。そして、話せば話すほど、同好の士として気持ちが通じ、会話が盛り上がっていって……ちょっとお茶でもしませんか？　という流れになるのに、さほど時間はかかりませんでした。

そしてそのあとも、食事、軽くお酒でも……と、まさにトントン拍子でした。

彼は独身で気兼ねなかったのと、実は私も、その日は夫が仲間内の飲み会で帰りが午前様だということがわかっていたのもあって、あと先の心配をすることなく、通じ合い、盛り上がっていく流れに身を任せるままに……。

夜の九時を過ぎた頃、軽く酔いの回った私と彼はラブホテルの一室にいました。

彼が先にシャワーを浴び、私があとから浴び終わってバスローブ姿でベッドルームに戻ったときには、全裸でシーツをかぶって待っていてくれました。そして、私が裸になりやすいようにリモコンで室内の照明を徐々に暗くしてくれて。この辺のデリカシー、平気で明るい部屋でやっちゃう夫には、まちがっても期待できないかんじ？

そして私がバスローブを脱ぐと、シーツをめくってベッドに迎え入れてくれて。

「本当によかったの？　こんなところに来ちゃって？」

「うん……一目見た瞬間に、あなたのこと好きになっちゃった」

「うれしいなあ。ぼくもおんなじキモチ……」

私たちは唇をふれ合わせて、小鳥がついばむようなやさしいキスを交わしました。

そうしながら、彼は細くきれいな指で私の髪を梳いてくれて……ああ、こんなふうに男性に髪を撫でてもらうなんて、いったいいつ以来だろう？　私はそんなことで、ゾクゾクと性感を震わせてしまいました。

彼が私の乳房を撫で、揉み回しながら言いました。

「胸、大きいんだね。こんなに可愛い少女みたいな顔してるのに……なんだかそのギャップで、余計ドキドキしちゃうな」

「バランス……悪い？」

「とんでもない、最高の組み合わせだよ」

彼は微笑しながら言うと、私の乳首を口に含んできました。舌先で乳頭をコロコロと転がし、チュチュッ、チュッと甘やかに吸ってくれて……。

「あ、あん……」

「ふふ、ちょっと吸っただけで、乳首こんなに尖っちゃったよ……意外と、エッチな子なのかな？」

「……もう、いじわる……」

そんな、あえて焦らすようなやりとりが愉しくて仕方ありません。夫は、とにかく肉欲の赴くままにヤリ狂うだけだから。そういうのがキモチよくないわけじゃないけれど、気分の高まり具合でいったら、こっちのほうが全然上です。

あ、ほら、私ったらいつも以上に濡らしちゃってる……。

「きみのここ、味わわせて」

彼がシーツの中に潜って、私のアソコに口を寄せてきました。レロレロと動く舌がクリトリスをつつきこね回し、ヴァギナの縁を舐め上げ、肉ひだを掻き分けて内奥をむさぼってきます。

「あっ、あ、はぁ……ぁんっ、ふぅ……」

「おお、すごいすごい、大洪水だよ！　やっぱりエッチな子だったんだ」

「ああん、やだ、いじわるぅ……」

とか言いながら、実際もうめちゃくちゃ感じちゃってる私。じっとしてられなくて、彼の体を引き寄せると、シックスナインを求めていました。夫とのエッチではあんまり気が進まなくて滅多にやらないけど、今この彼に対してはやりたくてたまらなくなっちゃったんです。

「ああ、あなたも、見かけによらずスゴイのね」

「ん？　もっとちっちゃいと思ってた？」

「……ばか……」

事実、彼の勃起したペニスは夫並みにすごく大きくて、正直それは嬉しい誤算でした。私は無我夢中で舐め、しゃぶり、心ゆくまでむさぼりました。

彼も入念に私のアソコを愛し味わってくれて……いよいよ昂ぶってきました。

「ねえ、おねがい……あなたの、ちょうだい……」

「ああ、ぼくもどうしようもなく、きみに入れたくなってる……」

そして二人、きつく抱きしめ合うと、彼のペニスを私の奥深くに受け入れました。

「ああっ、あ……いい、いいわ……とっても感じる……」

「うう、ぼ、ぼくも……きみの中、蕩けちゃいそうだ……」

結局、彼は十分ほど私の中で動いたあと、ペニスを抜いて外に射精しました。決して長い時間じゃなかったけど、私は十二分に満足し、しっかりと感じ、イクことができたんです。

彼との関係はこのときの一度限りですが、そんなはかなくて刹那的な関係も、なんだか文学的で素敵かなって思うんです。

■お互いの性器を狂ったようにむさぼり合い、双方の性感をとことんまで高め合って……

主婦友から貸してもらったセフレに味わわされた最高悦楽

投稿者　坂田めぐみ（仮名）／33歳／専業主婦

最近、夫が全然かまってくれなくてえ、正直ちょっと欲求不満気味なんだ。

仲のいい主婦友の彩子さんに、ついついそう愚痴っちゃったら、思わぬ提案を受けてしまいました。

「ねえねえ、よかったらアタシのセフレ、貸したげよっか？　見た目はあんまり大したことないけど、テクとスタミナは折り紙つきだよ？」

美人で派手めで、前々からけっこう遊んでるんじゃないかと踏んでた彩子さんだけど、さすがにいきなりそんなことを言われると、驚いちゃいました。

「え、でも、アタシなんて、とてもそこまでは……」

「ううん、全然、全然！　めぐみさん、めちゃキレイだし、カラダもいけてるし、セックスレスなんてもったいないよ！　ね、ちょっと遊んでみようよ？」

彩子さん、なんだかすっごい前のめりに押してくるもんだから、アタシもそれに負けて、つい同意しちゃってました。

「そうね、じゃあ試しに一回だけ……」

「うん、決まりね！」

そして早速その週末の金曜に、彩子さんのセフレの隆志さん（三十六歳）と会うことになりました。昼下がり、彼に車で迎えに来てもらって、そのまま郊外にあるラブホテルへと向かったんです。

その車中、彼は助手席の私の太腿を撫でながら言いました。

「めぐみさん、彩子さんが言ってたとおり、素敵な奥さんですね。僕、奥さんのいい香りを嗅いでるだけで、勃起してきちゃいましたよ」

さりげなく見ると、確かに彼のズボンの股間はパッツンパッツンに張って膨らんでいました。これは相当立派そうです。

「いえ、そんな……アタシなんて普通のおばさんで……んっ！」

驚いたことに、謙遜の言葉を吐こうとした私の唇に、彼は運転しながら一瞬の隙をついてキスしてきたんです。

「そんな野暮なことは言いっこなし。今日は一人の男と女になって、気が済むまで愉しみましょうよ……ね？」

アタシはそんな彼のことを、すぐに好きになってしまっていました。

ラブホにチェックインし部屋に入ると、アタシたちはすぐに服を脱いでバスルームに向かいました。お互いにたっぷりとボディシャンプーの泡を塗りたくり、そうしながら肉体を愛撫し合いました。

彼のたくましく武骨な指が、アタシの乳房の山を撫で回し、乳首をニュルニュルとこねくり回してきて……アタシも負けずに彼の乳首を、そのたくましい胸板に対して意外に小粒で可愛いそれをいじくり回してあげました。すると、彼の股間のモノが反応し、グイグイと硬く大きく持ち上がってきました。そしてそれはあっという間に全長二十センチ近くもある勃起ペニスへとみなぎっていったんです。

「ああ、す、すごい……」

アタシは思わず感嘆の溜息を漏らしてしまっていました。軽く夫の一・五倍はあるんじゃないでしょうか？　アタシは泡をそれにからめると、ヌルヌル、ニュロニュロと熱心に、濃厚に愛撫していました。するとアタシの手の中で、亀頭はパンパンに張り詰め、竿も太い血管を浮き出させて、ますます力感を増していきました。

「あ、ああ……めぐみさん、すごくいい具合ですよ……」

隆志さんもそう言いながら、アタシの股間に手を滑らせると肉裂を掻き分け、内部をチュクチュクと弄んでくれました。たまらない快感が湧き出してきます。

「あん、は……っ、い、いい……んふぅ……」

ほどなく限界に達してしまったアタシたちは、急いでシャワーできれいに泡を洗い流すと、慌ただしくバスタオルで体を拭き、ベッドルームへと転がり込みました。そして二人ベッドに上がると、もう即、シックスナイン。

んちゅんちゅ、ネロネロ、ちゅばちゅば、ジュルジュル、じゅぶじゅぶ、ヌブヌブ……お互いの性器を狂ったように舐め合い、吸い合い、むさぼり合って、双方の性感をとことんまで高め合いました。

そして、

「あぁっ、も、もうダメ……ガマンできない！　ねえ、入れて、この硬くてぶっといオチ○ポ、アタシのぐちゅぐちゅのオマ○コの、奥の奥までぶち込んでぇっ！」

「はぁ、はぁ、はぁ……ああ、言われなくたってぶち込みますよ！　僕のすごいので、気絶するまで突きまくってあげますよ～っ！」

ぬぶぬぶぬぶ……と、彼のモノがアタシの乱れた肉裂を割って入り込んできました。

そして、ケダモノのように荒々しく、レスラーのように力強くピストンを打ち込んできて……！

「ひっ、ああ、んあっ、あっ、んうぅ……ふあっ、あ、し……死ぬぅ！」

「ああ、めぐみさん……たまんない締め付けだっ……く、くうっ！」

彩子さんが言ったとおり、彼は底知れないスタミナと絶妙の接合テクニックでアタシを責め続け、実に三十分以上に渡って快感を注ぎ込んでくれて、アタシはその間に四～五回はイってしまったのではないでしょうか。

そして最後、最大のオーガズムに喘ぐアタシの顔面に、彼が大量のザーメンを浴びせかけて、最高の逢瀬の時間は終わりを告げました。

その後、彩子さんは言いました。

「どうだった？　彼、よかったでしょ？」

アタシはこう答えざるを得ませんでした。

「うん、もう、チョーサイコーだった。ありがとう、彩子さん」

もうすぐにでも、隆志さんと再会したくなっている自分がいるんです。

■舅の舌使いはねちっこく、まるでナメクジが這う如く乳首周りと先端を痺れさせて……

義父の熟練の性戯でとことんイかされまくった帰省の夜

投稿者 中村理奈（仮名）／35歳／専業主婦

ああ、またユーウツな季節がやってきた……それは夫の実家、広島へのお盆帰省。

私は一昨年、三十三歳にして夫の宏和（二十九歳）と結婚したのだけど、宏和の母親が四つも年上の嫁をよく思っておらず、何かにつけ「いつになったら孫の顔を見せてくれるの?」と電話やメールを寄越す。東京と広島、遠く離れていても姑のイヤミ&イビリは余念がないのだ。お盆帰省の二泊三日の間に、今年もどれだけネチネチ小言を言われるんだろうと、今から気が重い。

ところが……実家に着いた途端、姑がぎっくり腰で立てなくなってしまった。

「お袋っ、大丈夫かっ⁉　お盆だけど救急病院ならやってるだろ。これからオレが連れてってやるよ！」

台所でうずくまっている姑を、なんと夫はお姫様抱っこして舅の車に乗せ、ブォォォォ〜〜〜〜〜ン……軽快にエンジンかけて走り去っていった。

車の後ろ姿をぽかんと眺めていると、舅が、

「すまんのぉ、理奈さん。宏和のヤツは母ちゃんのことになると、昔からあんなんじゃわ」

「お母さん思いですもんねぇ」

「マザコンいうヤツじゃろぉ。とにかく帰省したばかりで申し訳ないのぉ。まぁちょっとゆっくりしんさい」

舅に促されて家の中に入り、つけっぱなしのテレビをボォ〜と見て過ごすうち、スマホが鳴った。宏和からの電話だった。

「お袋、ちょっと重症っぽいから入院することになった。それで、オレ今晩付き添うことになったから」

「えっ？　えっ？　それって病院に泊まるってこと⁉」

「ああ、お袋が一人だと嫌だって不安がってるからさ。明日の昼過ぎには帰るからさ、悪いけど理奈、あとのこと頼むな。まぁメシとか親父がやってくれるよ」

「そ、そんなぁ〜」

お義父さんと二人きり⁉　……と言おうとしたところで電話が切れた。

仕方ない、緊急事態なのだ。ここは観念して、嫁らしくふるまおう……。

「理奈さん、こっちきて一緒に一杯やろうや」

冷蔵庫から冷えた缶ビール二本、煮物と刺身を取り出し盆に載せた舅が和室に向かう。食器棚から箸と小皿とグラスを用意し、私もそのあとに続く。

「ところで、今日は理奈さんに侘びたいことがあるんじゃ。まぁちょっとワシの隣りに座りんさい」

舅は自分の横に座布団を敷き、ポンポンとその上を叩いた。私にそこに座れという意味なのだろうなと思い、それに従う。ビールを差し出され、グラスに注いでもらうと、「さぁ、ぐぐっと飲みんさい」言われるままに一気に飲み干す。

「いつもウチのやつが孫の顔を見せろとかいって……理奈さんを傷つけてばかりで、ほんと済まんなぁ」

「ああ、いえ大丈夫です、もう慣れましたから……」

少しばかりイヤミで返すと、舅はぺこりと頭を下げて更に謝った。

「いや、本当に済まん。今日は母さんの無礼をワシに償わさせてほしいんじゃ」

「えっ、償うって……」

そのとき、いきなり舅が私を押し倒した。

「きゃあっ、お義父さん、なにをっ……!?」

「だから、今日はワシの長年培った熟練の性戯で、日頃の無礼を償うんじゃ」

「なっ……や、やめてください、んんぐぅ～～～！！」

舅の分厚い唇が私の声をさえぎり、生温かい舌が口の中に入ってきた。同時に私のTシャツをめくり、一気にブラジャーに手をかけた。

「んぐぐぐぐっ！！！」どうあがいても、私の上に乗った舅はビクともしない、六十二歳とは思えない強靭な力で私を押さえ付け、生チチを揉みまくり、首筋や耳元を舐め上げてくる。ピクンッ……思わずのけ反ってしまったのは、こんな怖い状況でも舅の愛撫に感じてしまったからだ。

「力を抜いてみんさいよ……もっと気持ちようなるから……」

舅が耳元で囁きながら生チチの真ん中の乳首を舐めたりつついたり。

「ンンン……アッアッ！」こんなに簡単に感じてしまうのは、さっき一気飲みしたビールのせいだ……私の体はすでに観念して舅の愛撫を無抵抗で受け入れている。

「乳首がこんな固くなるほど感じてくれて嬉しいでぇ、理奈さん」

「お義父さん、そこ……舐めてください」私はせがんでいた。

「ああええよ、いくらでも」舅は勃った乳首をペロンペロンと舐め始めた。そして垂れた唾をじゅるると吸いながらまた丹念にペロペロ繰り返す。

「ああ～～～！！　んんんん～～～！！！」舅の舌使いはねちっこく、まるでナメクジが這う如く乳首周りと先端を痺れさせていく。乳房を揉んでいた舅の手はゆっくりと下がっていき、私の下半身をまさぐっている。

「あっ！」と思ったときには、綿パンとパンティを一気に下ろされ、舅の指が一目散に私の股間めがけて伸びてきた。

「おお、あんぐり口を開いとる……ヒヒヒ、もう濡れとるのぉ」

舅は乳首を舐めるのをやめ、私の股間にのっそりと顔を近づけてきた。煌々と灯る電灯の下、私のアソコは丸見えだ。

「まるで熟れたイチジクみたいじゃのぉ」

秘裂が露わになったところに舅は指をあて、縦の窪みに沿って上下に動かした。

「んんん～～～……」ぷっちょぷっちょと垂れてくる滴を弄んでいたかと思うと、いきなりその指は淫靡な花びらを掻き分けて膣内に突き刺さってきた。

「んあああ～～～！！！」

次に舅が狙いを定めてきたのは……、

「もうクリちゃんが剥き出しじゃのぉ。自分から皮を剥いで、イヤらしいのぉ～、ヒヒヒ」その剝けたクリトリスを舅はくちゅくちゅと吸い始め……私はあまりの快感に、「ひぃ～～～～～～～～～！！！　んんああああ～～～～～～～～！！」今まで出したことのない喘ぎ声を出しまくっていた。

「こりゃあスムーズに侵入できそうじゃの、ヒヒヒ……」
ズ、ズズ、ズブズブズブブブ……。
「いやぁ～～～～～～！！！」最後の砦を壊されてイヤイヤしながらも、私の膣は舅の挿入を心待ちにしていた。太く固い肉棒が粘膜を掻き分けて入ってくる。

「あああ～～、ええよぉ～、理奈さん～～～」

「わ、わたしもぉ～～」

暴れん棒が掻き回し続けるせいで、肉ひだは小刻みに震えている。

もう罪悪感も嫌悪感も何もない。ただ掻き乱して感じさせてほしい……ただそれだけ。勃起しきった上反りは、夫のモノよりずっと立派で感動すら覚える。ほどなくピストン運動が始まった。

「うう～～、締まりがええよぉ～～、細かいミンチ肉に包まれているようじゃ～～」

「お義父さんのも大きくて……いい～～～すごくイイ～～～～」

パズンパズンと激しく性器がぶつかり合い、

「ええよぉ～～～ハァハァ……理奈さん～～」

「ハァハァ……お義父さん～～ハァハァ……イイ～～～～！！！」

「ああ、もう出そうじゃぁ、ハァハァ……」

「出してぇ……今日は大丈夫な日だから……ハァハァ……」

「じゃあイクでぇ～～～～」

「わ、わたしもぉ……イクぅ～～～～」

「うぉ～～～～～～～！！！」

「イクイクイクイク～～～～！」

私たちは同時に果てた。舅の肉棒が徐々に小さくなりながらも、まだ熱さを残して私の中でごにょごにょしている。

「しーっかり償わさせてもろうたで。これで女房の無礼を許してくれぇな」

ティッシュでごしごし股の液を拭きとりながら舅が言った。

私はすこし考えてからこう答えた。

「まだこれでは全然足りませんよ、お義父さん……もっと濃厚なのをお願いします」

「ええで。朝まで時間はたっぷりあるからのぉ～ヒヒヒヒ……」

舅のイヤらしい含み笑いを聞くだけで、私の股間はまた疼いてしまうのだった。

■一本の巨大な淫具でつながった私たちは、ユッサ、ユッサとお互いに腰を振り乱し……■

突然の義姉の訪問から始まった女同士の快感底なし沼

投稿者　津田綾香（仮名）／24歳／OL

夫（二十六歳）より四つ年上の義姉から、突然電話がありました。

夫は普通のサラリーマンですが、義姉は急伸長中のＩＴ企業の社長と結婚していて、私の憧れのセレブな人妻というやつでした。

「ねえ、綾香さん、今からお宅のマンションに行ってもいい？」

その日は土曜日で私は休み、夫は土曜出勤でした。

「え？　ええ、かまいませんけど……いったいどうしたんですか？」

「行ってから話すわ。午後二時くらいに着くと思うから、よろしく」

私の都合などおかまいなしの女王様っぷり……まあ、わがままな義姉らしいです。

夫の実家は遠く北海道で、三人兄弟の長男さんが家を継ぎ、夫と義姉がそれぞれこっち（東京）に出てきて、それぞれ結婚して家庭を築いているのですが、こうやってしょっちゅう、何かといえば私は義姉のわがままに付き合わされてるんです。なんか義妹である私のことがとても扱いやすいみたい。

さてさて、今日はいったいどういうご用件かしら?

大抵の義姉のわがままには慣れているつもりの私でしたが、さすがにこの日、やってきて言うことには驚いてしまいました。

「綾香さん、一回でいいから女同士、私とエッチしましょ?」

「えっ、ええっ⁉ 女同士でエッチって……レズってことですか?」

「そう。今日私、テニスクラブで仲のいいお友達から聞いたのね。その人ってバイ……セクシャル? っていうらしいんだけど、レズのセフレがいて、たまに女同士でエッチするらしいのね。で、それが男とはまた違う味わいですごくいいんですって! ほら、そう聞いたからには試してみないわけにはいかないじゃない?」

「……はあ……」だからってなんで私と?

思わず胸の内でそうぼやいてしまいましたが、義姉がいったんこうと言いだしたからには、理屈で考えてもしょうがありません。アグレッシブ&自己中……それが女王様の女王様たるゆえんなのですから。

「で、でも私、そんな経験、これまで一度もないですけど……」

「大丈夫! だいたいのやり方はその人から聞いてきたから、まかせといて。綾香さんは私のいうとおりに従えばいいのよ」

ああ、だめだ……いよいよもう、この人を止められない……。

私は義姉に急かされるままに、まずは一緒にシャワーを浴びさせられ、ボディシャンプーの泡で体中をまさぐり洗われました。私はどこにでもいそうな十人並みの体形なのですが、義姉の巨乳ナイスバディっぷりはものすごくて、女の私から見てももうドキドキもの……その豊満な乳房を私のふつう乳に押し付け、ぐりぐりと押しつぶすように迫ってくるものだからたまりません。泡にまみれた丸い肉塊が妖しく私の乳房にぐにぐにとからみついて、蕩けるような感覚が押し寄せてきます。

「あっ、ああ……お、お義姉さん……んあっ、はぁっ……す、すご……！」

「うふふふ、ほら、いいでしょ？　綾香さんのオッパイもかわいいわあ……ちょっと小ぶりだけど、形がよくて柔らかくて……あら、感度もいいじゃない？」

「……あ、はぁっ……！」

双方の乳首がにゅるにゅると触れ合い、からみ合って、先端に爆ぜるような甘美な衝撃をもたらしてきます。

そのままたっぷりと二十分ほども、私と義姉はバスルームで泡まみれの妖しい桃源郷をさまよいました。

「ふぅ〜っ……さあ、綾香さん、そろそろベッドに行きましょうか?」

「……っ、は、は……い……」

快感の余韻で声を途切れ途切れにさせながら、私は義姉の言葉に従い、シャワーで泡をきれいに洗い流し、体を拭き乾かしたあと、ベッドルームに向かいました。まさか、私たち夫婦のベッドで、義理の姉と寝ることになるとは……。

「さあ、もうバスルームでかなり出来上がってるから、とっとと上級モードに入りましょうね。といっても、男女とやることはそんなに変わらないけど……」

義姉はそう言うと、女同士のシックスナインを指示してきました。

私が下になり、義姉が上に覆いかぶさって……目の前に淫らに割れた女陰が突きつけられました。自分のと同じ女性器を舐めるなんて、もちろん初めての経験です。一瞬躊躇していると、次の瞬間、自分の性器に甘美な衝撃が襲いかかりました。義姉が指を使って私の女陰を押し開き、中の肉ひだをペチャペチャ、チュウチュウと舐め啜ってきたのです。

「あひっ……はぁんっ……」

思わず喜悦の声をあげつつ、こうなったらもう私のほうも黙っているわけにはいきませんでした。義姉の太腿を抱え持つ格好で、ぐいと首をもたげると淫らなピンク色の肉裂に顔を埋めていきました。そして、無我夢中でジュルジュル、グチュヌチュと舌を突っ込んで内部を掻き回したんです。

「……んっ、うぶっ……ふぅ、うぐっ……んんんんっ！」

義姉の声もその快感に悶えくぐもり、その女陰は大量の淫ら汁でだらだらと私の顔を濡らしていきます。

「んはっ、お、お義姉さぁん……んんっ、んぶっ……」

「くはっ、あ、綾香さぁん……くひっ、ひぃっ……」

そうやってさらに、お互いに指を突っ込みながらさんざん舐めしゃぶり合ったあと、次に義姉はやおら妙な物体を持ち出してきました。

「うふふ、これね、そのバイセクシャルの人に借りてきたの。ほら、両方の先端が亀頭状になってるでしょ？　双頭ディルドゥっていうんですって。これを使ってオマ○コで二人つながれば、そりゃもう最高に気持ちいいんですってよ？」

義姉が口を、私の流した淫ら汁でてらてらと濡れ光らせながら、世にも淫靡な笑顔でそう言いました。

「ああっ、お、お義姉さん……早く、それ……欲しい……」

私は今や完全に義姉の快感奴隷に堕してしまい、恥も外聞もなくそう懇願していま

した。義姉は満足そうにうなずくと、

「ええ、今あげるわ。ほら、こうやって二人一緒に突っ込んで……あ、ああっ！」

「ひ、ひぃ……あ、ああ、ああん～～～～っ！」

一本の巨大な淫具でつながった私たちは、その接合点をテコにして、ユッサ、ユッサとお互いに腰を振り乱し、快感をむさぼり合いました。こと男根状のものを挿入することによって快感を得るという意味でいえば、それは男女のセックスと基本的には同じものといえますが、実際にはまったく異なる興奮と陶酔がありました。

「あふ、あ、綾香さぁん……！」

「お義姉さぁん……っ、ひあぁっ！」

私たちはそうやって、一時間以上もつながり合っていましたが、その間に私は実に五～六回に渡って絶頂を味わっていました。そんなこと、男女のセックスであり得るでしょうか？　もちろん義姉も、大層満足したようです。

「ふふ、いつかまた、二人で楽しみましょうね」

義姉はそう言って、軽やかな足取りで帰っていったのでした。

■たまらない肉感が私の中でうねり、暴れ、前後に激しく抜き差しされ、奥深くまで……

夫の賭け麻雀の負けの代償として肉メイドにされた私！

投稿者　早見真子（仮名）／29歳／パート

ある日曜日、夫に言われました。

「一緒に行ってほしいところがある」

パート先には四～五日休むと連絡しろと言われ、まさか旅行にでも連れていってくれるのかと思いきや、とりたてて何も持っていく必要はないって……わけがわかりませんでしたが、夫は普段から何につけても有無を言わせない人だったので、私としては黙っていうとおりにするしかありませんでした。

それから電車に乗って三十分ほどの駅で降り、連れていかれたのはかなり築年数の経った、普通の賃貸マンションのようでした。その最上階の五階にある角部屋のドアの前に立つと、中から一人の男性が現れました。

「じゃあ、あとは任せるから」

夫はそう言うと、私をその男性に託して、一人帰ろうとしました。

「えっ、ちょ、ちょっと待って、あなた！　これって……？」

私は思わず夫の背中に向かってそう言葉を投げましたが、返事はなく……私は片腕を男性に摑まれた格好で、ただ見送るしかありませんでした。

そのあと男性に室内に引き入れられ、こう言われました。

「悪く思わないでくれよ。奥さん、あんた借金のかたとしてダンナに売られたんだよ。これから木曜までの五日間、あんたは俺のものだ」

「えっ……ええっ⁉」

男性の話によると、夫は彼らと賭け麻雀をして一人で大負けし、一晩で百万の借金をつくってしまったのだといいます。一ヶ月以内の返済を迫られた夫ですが、現在無職の夫にそんなお金があるはずもなく、そこで夫が言いだした返済方法が、妻の私を人身御供として差し出すというものだったのです。

「ほら、ここにちゃんとその証文もある」

そう言って見せられた一枚の紙には、今男性が話してくれた内容が書かれ、そこに夫のサインと判が捺されていました。今考えれば、借金のかたに妻の身を差し出すなんていう条件の証文、法的に成立するわけもないとわかるところですが、そのときの私はもう頭の中が真っ白でそんなことには考えが及ばず、ただうろたえるだけで……

冷然と私を見つめる男性の前で、圧倒的な諦念に襲われていたのです。

とにかくいうとおりにするしかない。大丈夫、殺されるわけじゃないんだから。

私は必死で自分に言い聞かせ、こぼれ落ちようとする涙をこらえました。

結局その日は何事もなく、私は男性の指示に従って冷蔵庫の中の食材で夕飯をこしらえました。美味いともまずいとも言わず、彼はただ黙々と食べるのみ。

でも、翌日の月曜、がらりと世界は変わりました。

私は常に、一糸まとわぬ裸でいることを強要されたのです。

いや、正確にいうと、一点だけ身につけるものがありました。

それは、手のひらに収まるほどの小さな、ツルリとした白い楕円形の器具で、あろうことか私はそれを女性器に挿し入れられたのです。そしてそれは陰部から抜け落ちないように防水テープでしっかりと股間に固定されました。うろたえる私に向かって微かな笑みを向けながら、男性は手に持ったリモコン状のもののスイッチを入れて……途端に妖しい振動が私の胎内を震わせてきました。

「……っ！　んんっ、ん、んふぅ……くうぅ……」

生まれて初めてアダルトグッズを使われた私は、驚きながらも、そのえも言われぬ甘美な感覚に身悶えし、腰をよじらせながら陰部からぬめった液体を滴らせたのです。

「どうしてもトイレに行きたくなったときだけ、そう言え。それ以外はずっとそれを突っ込んだまま、生活するんだ。いいな?」

男性は在宅で何やらパソコンとインターネットを使った仕事をしているようで、常に家にいて、私は四六時中その監視下に置かれていました。私は彼の指示のもと、お茶を入れたり食事を用意したりと身の回りの世話をさせられたわけですが、なにせ絶えず妖しい微振動によって陰部を刺激されている状態です。

それは、たしかに気持ちいいのだけど、かといってイッてしまえるほどの刺激ではなく……いわば、淫らなヘビの生殺し状態が絶え間なく続くのです。私は言いようもない官能のフラストレーションに苛まれるようになっていきました。

翌日の火曜日。

男性は仕事をしつつ、私に向かって自分の男性器を舐めるように指図してきました。

私は高機能っぽいしゃれた仕事用チェアに座ったままの彼の前にひざまずくと、そのズボンの前を開けて下着の中から男性器を取り出しました。もう二日洗っていないというソレは、むわっとすえた匂いがしましたが、それをむしろ快く感じてしまっている私がいました。

ああ、この男くさい匂い……いいわ……。

私は無我夢中で男性器をしゃぶり、その刺激に反応してそれは硬く大きくいきり立っていきました。すると、頃合いを見計らったかのように、私の陰部の中で振動が始まりました。いつもより強めのそれは、絶妙の見立てで私の性感の昂ぶり具合を計っているようで、その快感に陶然としながら、私はますます激しくフェラチオに熱を入れていきました。

亀頭のくびれに舌をからみつかせながら、喉奥まで呑み込んだ全体をジュッポ、ジュッポと深く大きく出し入れすると、

「……っ、んんん、ううっ……！」

男性は一声大きく呻き、私の口内に大量のザーメンを放ち、流し込みました。

「あぁっ、はぶ、ぷはぁぁっ……」

私は思わず興奮の喘ぎ声をあげ、期待を込めた目で彼の顔を見やりましたが、私の肉体に対しては、それ以上のことは何もなされませんでした。いやむしろ、これまでより少し強めの刺激を受けてしまったゆえに、その欲求のくすぶり度はさらに高まってしまったといえるでしょう。

水曜日。前日とほぼ同じことが繰り返され、私は男性を一方的にイかせるだけで、自分の肉欲のフラストレーションはひたすら上がりっぱなし……。

ああ、もう限界！　思いっきりイキたい！　イキたいのよ〜〜〜〜っ！

でも、常に男性の監視の目にさらされ、オナニーで自分を慰めることも叶いません。

そして、木曜日。

いよいよ、私が男性に買われた最後の日です。

彼は私をベッドの上に導くと、手を伸ばして陰部からズルリと器具を抜き出してくれました。たっぷりと分泌された愛液がてらてらとぬめり光り、淫らに幾筋もの糸を引いていました。

「待たせたね。もう、チ○ポが欲しくて欲しくて、どうしようもなくなってるんじゃない？　ん？」

男性の問いかけに、私はなぜか号泣してしまいました。

「は、はいっ……う、ううう……ほ、欲しくて、んぐぐ……チ○ポ欲しくて、えぐっ、うぐっ……もう、死んじゃいそうですぅ……んぐっ、えぐっ……あああ〜〜〜ん」

「俺も早く入れたくて仕方なかったよ」

男性はそう言うと、待望の生チ○ポを私の中に挿入してきました。

ぬぶ、ぬぷぷ、じゅぶ、ずぶずぶずぶ……！

硬くて、太くて、長くて、熱い……そのたまらない肉感が私の中でうねり、暴れ、前後に激しく抜き差しされ、奥深くまで貫いてきます。

「あひっ、ああっ、んあっ……あああああっ！」

私はあっという間にイってしまいました。

そして、その後も何度も、何度も……。都合十回ほどもイキまくってしまったのではないでしょうか？　とにかくもう、こんな気持ちいいの、生まれて初めてです。

最後、失神寸前の爆発的オーガズムを味わいながら、男性のほとばしりを胎内深くで受け止めていました。

「とってもよかったよ、奥さん。百万円の価値は十分あったよ。ありがとう」

男性にそう言われてマンションをあとにしながら、私は思いました。

たしかに、夫に賭け麻雀の負けの代償として利用されたのはショックだけど、代わりにこんなものすごい快感を味わわせてもらえるなんて……ひょっとして私的にはプラス収支だったのかも？

人妻手記
ひと夏の誘惑……
汗だくになって夢中で求めた秘蜜の快感体験

２０２０年７月２７日　初版第一刷発行

発行人　後藤明信
発行所　株式会社　竹書房
〒102-0072　東京都千代田区飯田橋2-7-3
電話　03-3264-1576（代表）
03-3234-6301（編集）
ホームページ：http://www.takeshobo.co.jp
印刷所　中央精版印刷株式会社
デザイン　株式会社　明昌堂
本文組版　ＩＤＲ

定価はカバーに表示してあります。
乱丁・落丁の場合は小社までお問い合わせください。
ISBN 978-4-8019-2335-5 C0193
Printed in Japan